广州市哲学社会科学"十一五"规划课题研究成果

中等职业教育高星级饭店运营与管理专业项目课程系列教材

客房服务 （第2版）

KEFANG FUWU

主　编　陈丽敏

副主编　李　双　顾　欢

重庆大学出版社

内容提要

本书在项目课程理论的指导下,在内容设计方面突出体现客房服务员岗位职业能力本位,紧紧围绕完成工作任务模块的需要来设计教学内容;从"客房服务岗位工作任务"分析出发,打破了传统的知识传授方式,注重动手能力培养,以客房服务员一天工作的程序为"项目",并以"项目"为主线,将中级客房服务员职业技能考证的相关内容融入课程教学中,培养学生的实践动手能力,实现专业教学与学生就业岗位的零距离对接,为酒店客房部门培养技能型人才服务。

本书可作为中等职业教育高星级饭店运营与管理专业以及旅游服务类专业的教材,也可作为旅游相关从业人员的培训用书。

图书在版编目(CIP)数据

客房服务 / 陈丽敏主编. --2 版. --重庆:重庆
大学出版社,2021.11
中等职业教育高星级饭店运营与管理专业项目课程系
列教材
ISBN 978-7-5624-6732-8

Ⅰ.①客… Ⅱ.①陈… Ⅲ.①客房—商业服务—中等
专业学校—教材 Ⅳ.①F719.2

中国版本图书馆 CIP 数据核字(2021)第 207677 号

中等职业教育高星级饭店运营与管理专业项目课程系列教材
客 房 服 务(第 2 版)
主 编 陈丽敏
副主编 李 双 顾 欢
策划编辑:顾丽萍

责任编辑:姜 凤 黄永红 版式设计:顾丽萍
责任校对:谢 芳 责任印制:张 策

*

重庆大学出版社出版发行
出版人:饶帮华
社址:重庆市沙坪坝区大学城西路 21 号
邮编:401331
电话:(023) 88617190 88617185(中小学)
传真:(023) 88617186 88617166
网址:http://www.cqup.com.cn
邮箱:fxk@ cqup.com.cn(营销中心)
全国新华书店经销
重庆华林天美印务有限公司印刷

*

开本:787mm×1092mm 1/16 印张:8 字数:182 千
2012 年 9 月第 1 版 2021 年 11 月第 2 版 2021 年 11 月第 3 次印刷
印数:4 001—6 000
ISBN 978-7-5624-6732-8 定价:28.00 元

【第 2 版前言】

　　随着我国旅游业的蓬勃发展,新时代对旅游服务与管理人才培养提出了新要求。中职旅游教育应适应不断发展的社会需要,紧跟新知识、新技术发展而变化。本书依据《教育部关于加快发展中等职业教育的意见》编写,按照深化教育教学改革的要求,通过行业调研、专家讨论研究,对高星级饭店客房服务员的职业能力进行详细分析,注重理论与实践相结合,注重专业技能的提升,培养学生的实践能力。

　　本书将行业目标与课程培养目标相结合规划教材结构,其独特之处在于科学统筹,以工作过程为导向,以项目课程为理论基础,从"客房服务岗位"分析出发,将客房服务员职业技能考试融入课程教学中,实现专业教学与工作岗位之间零对接,培养技能型人才。

　　本次修订沿用原版整体思路,在保持原书内容的科学性和稳定性的基础上。编者参考行业专家意见,参阅相关文献资料,更换教学案例,增加新知识,紧跟时代发展。本次修订由陈丽敏统筹安排,璧山职教中心李双、顾欢负责具体修订工作。本书有配套教学课件、教学方案设计、实训方案、教学视频、试题及答案等数字资源,可扫描封底"资源地址"二维码获取。

　　由于编者水平有限,书中内容难免存在不妥之处,敬请广大读者批评指正!

编　者

2021 年 6 月

【第1版前言】

随着我国社会经济和旅游业的发展,给我国酒店业在服务、管理上提出了更高的要求。作为酒店产品生产者和提供者的最广大基层服务人员,其素质高低直接影响人们对中国酒店业的整体评价。

目前国内有许多有关客房服务的书籍,每本书都有其独到之处。而本书的独到之处是在广州市旅游商务职业学校项目课程课题组的指导下,以项目课程为理论基础,通过行业调研,与范浩然等行业专家研讨,对星级酒店客房服务员的职业能力进行了详细的分析,总结出行业对客房服务员的职业能力要求,同时通过客房服务课堂教学实验,从"客房服务岗位工作任务"分析出发,打破传统的知识传授方式,注重动手能力的培养,将中级客房服务员职业技能考证的相关内容融入课程教学中,培养学生的实践动手能力,实现专业教学与学生就业岗位的零距离对接,为酒店客房部门培养技能型人才服务。

本书是中等职业学校项目课程系列教材之一,由3个项目组成,具体编写分工为:项目一由黄爱时编写,项目二由黎志坚编写,项目三由陈丽敏编写。陈丽敏对全书进行统稿。

本书在编写过程中得到了各位同人的大力支持,在这里要感谢广州市旅游商务职业学校的教研室给予编写工作的支持,还要特别感谢广州市旅游商务职业学校党委书记付红星女士、酒店服务与管理专业科组长苏敏琦先生,如果没有他们的支持,本书也不可能面世。

由于编者水平有限,本书内容可能有不妥之处,敬请广大读者批评指正。

编　者

2012 年 5 月

【课程标准】

中等职业教育高星级饭店运营与管理专业。

（二）参考学时

100 个学时。

（三）学分

5.5 个学分（18 个学时计 1 个学分）。

（四）前言

1. 课程性质

客房服务是高星级饭店运营与管理专业的一门核心专业课程。本课程的主要任务是讲授酒店客房服务实务的基础知识，训练学生进行酒店客房服务的操作技能，培养学生从事酒店客房服务与客房部基层管理工作的能力，适应行业发展规律与职业变化的能力。

2. 设计思路

本课程在内容设计方面突出体现客房服务员岗位职业能力本位，紧紧围绕完成工作任务模块的需要来设计教学内容；从"客房服务岗位工作任务"分析出发，打破传统的知识传授方式，注重动手能力培养，以客房服务员一天工作的程序为"项目"，并以"项目"为主线，将中级客房服务员职业技能考证的相关内容融入课程教学中，培养学生的实践动手能力，实现专业教学与学生就业岗位的零距离对接，为酒店客房部门培养技能型人才。

（五）课程目标

通过本课程的学习，具备客房服务员所必需掌握的基本理论和基础知识，熟悉酒店客房部运行与管理的基本程序和方法，具有熟练的清洁保养和对客服务的技能；能胜任酒店客房服务与客房部基层管理工作，达到中级客房服务员的水平；具有团结协作、敬业爱岗、吃苦耐劳的品德和良好的职业道德观。

（六）课程内容和要求

序号	项目	任务	工作与学习要求	参考学时
1	客房清洁整理的准备工作（19学时）	技术准备工作	认识客房服务各岗位工作表格的内容及各类服务资料,以此认识各岗位的工作职责;熟记楼层电话,熟记消防的配备情况、位置及使用方法,认识各类安全标志;熟记各楼层的安全出口	4
		清洁设备的准备	认识各类清洁设备;认识客房布草,认识布草车的类型,准备好房间的所有物品,根据客房的清扫程序确定清扫间物品在布草车的摆放标准;掌握房间用品摆放标准及配备数量,根据客人的使用情况学会补充客用物品的标准;认识吸尘器的类型及使用方法,懂得吸尘器的保养与维护	6
		清洁剂的准备	学会分清清洁剂的种类,认识它们的用途及使用方法	3
		客用物品的准备	根据不同类型的客房和客房的设计理念与客用品的摆放标准,熟练配备房间各种用品与卫生间用品	2
		清扫顺序的确定	识别房间状态,学会看房态,通过房态确定清扫顺序	4
2	客房的清洁整理（40学时）	敲门进房	运用礼貌礼仪知识学会规范敲门进房;根据客人的实际情况,灵活应对进房后可能出现的各种特殊情况	2
		中式铺床	学会折叠床单、被套、被芯、枕头套等床上用品,认识它们在操作台上的摆放顺序;能在35 s内铺好床单,掌握床单的开法、中线、四边、包角的操作要求;能在1.5 min内完成对棉被的操作,掌握被套的开法,被芯的入法,绑绳的绑法,棉被美观度的要求;能在30 s内完成对枕头的操作,掌握枕头套的开法,枕芯的入法,枕头的摆放要求;能将以上内容融会贯通,在3 min内铺好一张标准的中式床,掌握中式铺床的整体要求与技巧	22
		走客房清扫	能运用房间的清扫程序,熟练走客房清扫;运用铺床技巧做好房间的床;使用清洁剂清洁卫生间;使用吸尘器进行房间地毯清洁;根据客人的使用情况补充房间的客用品;随时检查小酒吧,及时补充小酒吧内的物品	4

序号	项　目	任　务	工作与学习要求	参考学时
2	客房的清洁整理（40学时）	各类型房间的清扫	认识空房、住客房、长住房、贵宾房、DND房，以走客房清扫程序为标准，比较各类房间清扫程序的不同之处，完成对空房、住客房、长住房、贵宾房、DND房的清扫工作，体验客房的小整理	8
		夜床服务	按标准为客人提供夜床服务	2
		地毯的清洁保养	使用吸尘器对地毯进行清洁，按标准程序对地毯进行去污处理	2
3	对客服务（36学时）	认识对客服务模式	认识楼层服务台的对客服务模式，做好楼层服务台的各项工作；认识客房服务中心的对客服务模式，做好各类工作表格和资料的准备工作；能根据酒店的经营情况，安排楼层岗位；能处理好酒店内部信息沟通问题，能熟练运用计算机知识处理各类文书；能按规程处理好客人的投诉；能做好客房计划卫生的安排	8
		入住接待服务	根据客人的特点、性别、职业等心理学接待知识，对客人进行分类，达到认识客情的目的；为宾客准备好各种消费品，检查房内设备和用品以确保不遗漏；能做好VIP客人的接待服务	4
		引客入房服务	运用礼貌礼仪的接待礼仪知识，礼貌地迎客并引领客人入房间；运用旅游心理学客人分类知识对客人进行分类，根据客人的具体情况，熟练地介绍房间的设施设备及使用方法；热情地为客人端茶送水	2
		会客服务	按客人要求做好准备工作，客人会客时协助做好接待工作，会客后，为客人做好收尾工作	2
		会议服务	能根据会议服务清单，安排会场、席位，在会议举办期间为与会者提供现场服务	2
		洗衣服务	按服务标准为客人提供洗衣服务	2
		个性化服务	按服务标准为客人提供洗衣服务、擦鞋服务、托婴服务、小酒吧服务和对客租借物品等个性化服务	6
		离店服务	做好客人离店前的准备工作，热情地送别客人，仔细地做好善后工作	2
		处理特殊情况服务	能按服务标准处理客人物品丢失的事件，按酒店的服务标准处理客人遗留物品，按生病客人处理的服务标准细心周到地照顾和关心客人	8
4	机动			5
	合计			100

目 录

项目一 客房清洁整理的准备工作

学习目标

①认识客房部的业务分工及客房服务各岗位的工作职责；

②熟记消防的配备情况、位置，会使用各类消防器具；

③认识客房布草，根据客房的清扫程序确定房间物品在布草车的摆放标准及配备数量；

④认识吸尘器的类型，会使用吸尘器，懂得保养与维护吸尘器；

⑤能分清清洁剂的种类，能正确使用清洁剂完成工作；

⑥能根据客房的设计理念与客用品的摆放标准，熟练配备房间各种用品与卫生间用品；

⑦学会看房态，能根据客房清扫的标准确定房间清扫程序。

客房部又称房务部、房口部或管家部,是酒店的一个重要职能部门,它不但在酒店纷繁的日常服务工作中担任着极其重要的角色,而且在酒店管理中起着重要的作用。

任务一　技术准备工作

【学习目标】

①熟悉客房部的业务分工,以此了解客房服务各岗位的工作职责。

②熟记消防器具的配备情况、位置,能正确使用各类消防器具。

【前置任务】

①以小组为单位,通过各种途径收集现阶段酒店客房各岗位工作表格及各类服务资料。

②客房部有哪些工作岗位,各岗位的工作职责是什么?

③以小组为单位,通过各种途径收集现阶段酒店消防安全的配备情况。

【任务准备】

教师准备好客房的各类表格、资料、消防设备、安全标志图。

【相关知识】

模块1　客房部的业务分工

(一)客房服务中心

客房服务中心既是客房部的信息中心,又是对客服务中心。它负责统一调度对客服务工作,正确显示客房状况,负责失物招领,发放客房用品,管理楼层钥匙,接受客人的服务要求和投诉,并与其他部门进行联络、协调等。不设客房服务中心的酒店,一般会设客房办公室,负责处理客房部的日常事务及与其他部门联络、协调等事宜。

(二)客房楼面

客房楼面主要是由各类型的客房组成,与其他区域分隔开的独立的客房区域。每一层楼面都设有工作间、储物仓,以便于服务员工作。客房楼面人员主要负责全部客房及楼层走廊、楼梯、电梯厅的清洁卫生,同时负责客房内布草的更换、照明设备的检修、低值消耗品的补充、家具清洁与布置等,为住客提供必要的服务。

现今我国酒店客房楼面部分设置服务台,配置专职的台班服务员,每天24 h对客服务,并对楼层进行安全管理。

(三)公共区域

公共区域的人员负责酒店各部门办公室、餐厅(不包括厨房)、公共洗手间、衣帽间、大堂、电梯厅、各通道、楼梯、花园和门窗等的清洁卫生。小型酒店的公共区域,划归其他部门负责,以保证对客服务接待的质量。

(四)制服与布草房

制服与布草房主要负责酒店所有员工的制服,以及餐厅和客房所有布草的收发、分类和保管。对有损坏的制服和布草及时修补,并储备足够的制服和布草以供周转使用。

(五)洗衣房

洗衣房负责收洗客衣、洗涤员工制服和对客服务的所有布草、布件。洗衣房的归属在不同的酒店有不同的管理。有的大型酒店,洗衣房独立成为一个部门,而且对外服务。有的酒店不设洗衣房,洗衣业务则委托社会上的洗衣服务公司负责。

模块2　客房部员工的岗位职责

(一)客房部经理

1.岗位职责

客房部经理又称为行政管家,全权负责客房部的运行与管理,督导下属管理人员的日常工作,确保为客人提供优质高效的住店服务。直接上级:房务总监。管理对象:本部门各级组织机构和部门内勤。

2.工作内容

(1)制订本部门的工作计划及年度预算,以使房务工作顺利进行。

(2)主持部门例会,并参加每周由总经理主持的部门经理例会。

(3)与其他部门经理联系并合作,保证房务工作的正常运行。

(4)培训楼层主管并对其工作态度、表现和工作成效作出评价。

(5)察看VIP房间,检查消防器具、防火工作和安全工作。

(6)检查督导下属员工工作。

(7)处理投诉和检查失物的处理。

(8)留心市场最新清洁用品和技术。

(9)探访病客和长住客。

(10)巡视和检查本部门的工作情况,发现问题及时解决。

(二)客房服务中心主管

1.岗位职责

协助客房部经理完成楼面及公共区域的清洁及服务,在客房部经理的授权下,具体负责业务领域的工作。其工作对客房部经理负责。

2.工作内容

(1)当客房部经理不在时,代替执行客房部经理职责。

(2)协助主持部门例会,并参加每周由总经理主持的部门经理例会。

(3)负责部门培训工作,指导主管训练下属员工。

(4)巡视房务范围,了解、掌握客情,指导用具安全操作和设备维修保养。

(5)监察下属员工的工作表现,处理下属员工的纪律问题。

(6)察看VIP房,并每天抽查已清扫的房间。

(7)监察房间用品及清洁物料的消耗量。

(8)处理住客及员工的投诉事宜。

(9)慰问患病住客及长住客。

(10)试用最新清洁用品及技术。

(11)负责客房服务中心库房的管理工作。

(三)客房服务联络员

1.岗位职责

负责信息的收发传递,辅助客房部经理完成统计、抄写档案等文字性案头工作。其工作对客房部经理和客房服务中心主管负责。

2.工作内容

(1)处理客房部经理的一切文书工作,如代表经理对外发放通知,准备文稿,每日按时收发报纸、信件,接待客人等。

(2)参加部门例会,做好会议记录及存档工作。

(3)处理进出员工手续办理,核实单据的分类、统计。

(4)处理办公用品的领取发放,保持办公室干净、整洁。

(5)统计考勤,每月向客房部经理及人事部门提供员工出勤报告表。

(6)向新来的员工讲解客房部的有关规定。

(7)接受客房部经理临时指派的工作。

(8)接听客人电话,及时反映客人服务要求并督促落实。

（9）做好部门之间和部门内部的信息沟通。

（四）楼层主管

1. 岗位职责

主管楼层的清洁保养和对客服务工作，保障楼面安全，使楼层服务的各环节顺利运行。其工作对客房服务中心主管负责。

2. 工作内容

（1）保证所负责楼层的卫生质量、服务水准。

（2）主持该负责区域的例会、当日楼层人力安排与调配。

（3）检查督导下属员工的工作，确保下属员工工作的规范化，并使员工处于良好的工作状态。

（4）巡视检查所管楼层，确保房间清洁和达到对客服务工作的质量标准。

（5）负责安排楼层房间的清洁和每月工作计划的制订。

（6）定期检查长住客的房间及征求长住客意见，并做好提供特别服务的记录。

（7）负责对所管楼层的物资、设备和用品的管理。

（8）处理客人的投诉。

（9）处理下属员工报告的特殊情况和疑难问题。

（10）对下属员工进行培训和考核。

（11）对楼层的安全和服务台的安静负责。

（12）负责员工每月的评估工作。

（五）楼层领班

楼层领班的职责和工作内容与楼层主管所负责的工作基本相同，领班以督导和检查卫生班服务员按规定标准清扫房间的工作为主，所不同的是管理的幅度。在一些酒店里楼层不设领班，只设主管，如广州白天鹅宾馆每两层楼设一名主管，直接管理服务员。这样，可以减少组织机构的层次。

（六）夜间总带班（夜间主管）

1. 岗位职责

夜间总带班代表客房部经理主持夜班一切房务活动。如安排检查夜间楼层的客房清扫和对客服务工作，巡视楼层做好安全防范，处理夜间突发的房务事件等。

2. 工作内容

（1）检查中副班服务员夜床开始前的准备工作。

（2）检查公共区域照明灯是否按规定开关，是否完好，窗户是否按要求上锁等。

（3）安排夜间 C/O（结账离店）房的清洁整理。

（4）督导服务台的工作情况，保证夜间的服务质量，控制夜间的服务标准。

（5）检查服务班人员是否按规定开启通道门。

（6）收集、整理住客状况表并送客房服务中心。

（7）小结夜间检查情况，做好当值记录。

（七）楼层服务员

1. 台班岗位职责

（1）工作要求。具有较好的专业知识和外语对话能力，要有一定的外事知识，严格执行外事纪律。仪表端庄，待人接物热情，反应灵敏，有房务知识和解决问题的能力及技巧，对各班种工作程序、职责有详尽的了解。

（2）职责范围。保证信息的准确沟通，对楼面的安静、安全负责。核准房间转台，有权（在请示主管后）对卫生班、副班下达工作指令，其工作对所属楼层的主管负责。

（3）工作内容。

①换好工衣，到客房部（服务中心）签到，注意部门张贴的有关通知。

②交接班后，整理好服务台，保持服务台和电梯厅的整洁。

③保证电梯口的迎送质量，熟记 VIP 长住客人的姓名，见面要用姓氏称呼客人。

④完成客人的服务要求，若本楼层无法解决的服务项目，必须马上请示主管联系解决，不能擅自离开服务岗位。

⑤对报修工作负责，报修后半小时无人到场或到场半小时后房间仍未恢复，应立即报告主管。

⑥做好来访客人的送茶水、添座椅的工作。

⑦留意是否有异常举动和需要特别照顾的住客。

⑧一旦发现住客有换人、减人、增人或一人开两房（或以上）的情况，应立即向主管报告。

⑨住客、来访者和非本楼层工作人员的流动要有时间记录，便于随时检查。

⑩严格执行"三轻"，确保楼层的安静。

⑪保证向副班、卫生班提供准确的房态、客情，以使副班、卫生班能及时准确地完成房间的清洁、开夜床等服务。

⑫把好来访时间关（来访时间规定为 8：00—24：00），在非来访时间内做好谢绝客人来访工作及清场工作。

⑬夜台班在 2：00—6：30 可以指定座椅，在 7：00 前必须完成每日计划卫生及临时指派的工作。

⑭填写好交班记录，并注意本班发生的事件及需要下一班继续完成的工作，均需以文字记录在交班本上，对特别事项应加以口头说明。

2. 卫生班岗位职责

（1）工作要求。按清洁房间的标准、规格和操作规程清扫整理客房，爱护财物，责任心强，具有简单的外语对话能力。

(2)职责范围。按操作规程,具体完成对指定房间、卫生间的清洁工作,若房间有损坏的设备物品,要及时向台班报告,严格执行"三轻",确保楼层安静。其工作对主管负责。

(3)工作内容。

①换好工衣,到客房部(服务中心)签到,领取钥匙及卫生班"清洁房间报告表",并留意部门张贴的有关通知。

②向台班了解房态。

③检查布草车上的用品工具是否齐全。

④把布草车推到房门口的指定位置,并把吸尘器摆放在布草车的右侧。

⑤按清洁房间要求依次清理房间。

⑥在撤脏布草时应看清是否夹带客人物品后才运回工作间,该回收的废品应整齐地放在指定位置,垃圾扎好后倒进垃圾槽。

⑦把撤出的杯具进行严格的清洗消毒。

⑧清洁、整理工作车的工作要在工作间进行。

⑨吸尘器清理后要擦干净,放回指定位置。

⑩叠布草,补充布草车,并把多出的布草整齐地放进布草柜中。

3. 副班岗位职责

(1)工作要求。熟悉客房整理与开夜床的标准和程序,能用外语进行简单对话。

(2)职责范围。保证公共场所清洁,精通日常输送工作,完成主管临时指派的任务,完成台班交代的对客人的服务要求。

(3)工作内容。

①掌握卫生班、副班、台班的工作程序。

②负责所属地段的公共地方的清洁(包括走廊、电梯厅、工作间、员工卫生间、楼梯、烟灰桶卫生等清洁工作)。

③负责加床及撤换床。

④负责完成主管指派的任务及客人委托代办的事宜。

⑤负责巡楼、查房及房间小整工作。

⑥完成晚间开夜床和派报纸的工作,完成当天的卫生计划。

⑦做好因台班短暂离开而顶替台班的工作。

模块3 消防的配备情况及位置

(一)空调管路

酒店(含大多数写字楼)客房内的新风一般情况下是由新风机通过管道送到房间内的风机盘管与回风管混合,因此,在末端应设置防火阀(70 ℃运作,重力控制)。在安装新风系统时,从新风总管引入客房支管处必须安装防火阀,防火阀应选用质量可靠的产品。客房层新风机应保持常年运行,使新风管处于正压状态,即使防火阀失效,烟雾也不会进入新风管道蔓延。

(二)自动喷水灭火装置

在20世纪90年代中期及之前,酒店客房内大多数的消防设备只有烟雾探测器,客房内发生火警时使用通道内的消防栓进行扑救。20世纪90年代后期至今,随着消防法规的逐步完善,在酒店客房内安装自动喷水灭火装置已经较为普遍。当前的惯例是如客房内有吊顶天花板,应依照相应规范布置下喷式闭式喷头;如无吊顶天花板,则在卫生间侧壁布置侧喷式闭式喷头。但因其动作温度一般设置为68 ℃,在火灾阴燃阶段,虽产生烟雾,但温度并未到达其设定值时,喷头不会动作。如此时烟雾探测系统存在故障未报警,则危害性极大。在酒店进行重新装饰施工时(新酒店在首次装饰施工时),如原室内未安装自动喷水灭火装置,则必须增设该装置,具体采用下喷式还是侧喷式,应依据客房装饰方案确定。闭式喷头应选用质量可靠的产品。

依据现行消防规范,在发生火警时,空调新风系统应停止运行。但在有些设计方案中,消防中心只是停止新风机运行而不对盘管风机进行控制,其基于燃烧三要素(可燃物、助燃物、温度)的观点,切断新风(氧气)的供应,使燃烧因缺乏助燃物而延缓燃烧或终止。其设计出发点是在火灾自动报警系统发生误报时,只是暂时停止新风机工作而不停止盘管风机工作,避免影响营业范围的舒适性能,在大面积公共区域的情况下是可以采用的。

但在具体到客房新风系统时,就有某些特殊情况需要区别对待。因为在客房内火灾初起阶段,如果呈现阴燃状态,室内温度尚未达到防火阀动作的设定值时,因烟雾探测器动作,传输火警信号到消防控制中心,控制中心发出联动信号停止该层新风机工作(在自动控制工况时),这时新风干管内已无正压,而如果本层其他房间(指共用同一新风干管的房间)内的盘管风机正在工作,对新风干管产生负压吸入作用,火警房间内产生的烟气等有毒气体就可能自该房间的回风管通过新风干管蔓延到其他房间。从消防中心接到报警信号,到采取扑救措施一般要经过数分钟或更长的时间,以及至完全扑灭火灾则可能需要更长的时间。在此期间,可能其他(尤其是相邻)房间的人员已经因吸入有毒气体受到伤害。

如果客房新风支管上的防火阀采用电控方式,与新风机同步动作,可避免此情况,但将增加施工成本。目前大多数工程采用的是熔断片加扭簧的形式。因此,在火警发生时不仅应停止新风机工作,同时该层所有盘管风机也应停止工作(在楼层设置空调专用配电箱,为本层所有空调设备供电,其主开关加分离脱扣24 V DC,由烟雾探测器加控制模块或消防中心控制),才可以杜绝有毒气体蔓延,防止发生过多人员伤亡的情况。

灭火器材种类及使用方法见表1.1。

表 1.1　灭火器材种类及使用方法

类　别	适用范围	使用方法
酸碱式灭火器	扑灭一般固体物质火灾	①将灭火器倒置 ②将水与气喷向燃烧物
泡沫灭火器	用于油类和一般固体物质及可燃液体火灾	①将灭火器倒置 ②将泡沫液体喷向火源
二氧化碳灭火器	用于低压电气火灾和贵重物品(精密设备、重要文件)灭火	①拔去保险锁或铝封 ②压手柄或开阀门 ③对准燃烧物由外圈向中间喷射
干粉灭火器	与二氧化碳灭火器适用范围相同,但不适宜贵重物品的灭火	①拔去保险锁 ②按下手柄 ③将干粉喷向燃烧物
卤代烷灭火器 (1211、1202 等)	上述灭火范围都可以用它来灭火,特别适用于精密仪器、电气设备、档案资料的灭火	①拔去保险锁 ②打开阀门 ③喷射火源

【知识拓展】

客房部在酒店的作用及任务

客人投宿于酒店,把酒店当作"家外之家",客房部承担客人投宿期间的客房服务事宜,提供良好的客房环境,保证设施设备正常运转等,客房部在酒店的经营活动中起着非常重要的作用。

☆ 客房是酒店的基本设施

旅游者到达一个陌生的地方,首先要有地方休息、住宿,这是旅游活动得以顺利持续进行的最基本条件。酒店客房正是向客人提供住宿的物质承担者。尽管酒店的其他设施设备可以根据其档次、规模来确定设置与否,但客房是必不可少的基本设施,缺少了则不能称其为酒店,这是区别于酒楼、酒家的关键。同时,在酒店的建筑总面积中,客房建筑面积应占绝大部分。而且,在整个酒店的固定资产中,它又占绝大比例。因此,无论从哪方面看,客房在酒店的整个设施中都处于绝对优势,是构成酒店的主体,是酒店拥有的最基本、最重要的设施。

☆ 客房是酒店经济收入的重要来源

酒店的经济收入主要源于 3 个部分:一是客房收入;二是餐饮收入;三是综合性服务收入。其中,以客房收入为最多,通常占酒店总收入的 50% ~60%,是酒店收入的重要来源。

如果从利润来分析,在经营中客房消耗低、纯利高,经营成本比餐饮部、商场部等都小,客房的利润也是酒店利润的主要来源。并且,客房出租率的提高,能带动酒店的餐饮、娱乐、商务、购物以及其他经营活动,给酒店带来更大的经济效益。

☆ 客房服务是衡量酒店服务质量的重要标志之一

客房是旅游者在旅途中的"家"。客房服务是否周到,房内设施是否完好,物品是否齐全,直接影响客人对酒店的满意程度,并会给客人留下深刻的印象。能否为宾客创造出一种具有实用价值的住宿环境,客房的服务水平成为客人评价酒店服务质量的主要依据之一。由此可见,客房服务水平在一定程度上是酒店的服务质量和管理水平的具体反映,客人常由此来评价酒店服务质量的高低。

【思考与实践】

1. 客房部有哪些工作岗位,各岗位的工作职责是什么?

2. 酒店消防安全设备有哪些,如何使用?

任务二　清洁设备的准备

【学习目标】

①准备清洁用具,认识客房布草,认识布草车的类型,准备好房间的所有物品。

②能根据布草车的摆放标准摆放好各类布草;认识吸尘器的类型,并能正确使用、保养与维护。

【前置任务】

以小组为单位,通过各种手段收集现阶段酒店比较常用清洁设备的资料图片,并制作成PPT。

【任务准备】

教师准备好布草车、吸尘器、清洁抹布、各类清洁刷、玻璃刮。

【相关知识】

清洁设备、工具和清洁剂是清洁保养工作中必要的器具。酒店中常用的清洁工具既有手工操作的普通清洁工具,也有先进的电器清洁工具。正确使用它们,可以提高工作效率,保证清洁质量。

（一）普通清洁工具

普通清洁工具是指不需要电机驱动的清洁用具,如抹布,地刷、软毛刷,玻璃刮,房务工作车等。

1. 抹布

抹布是清洁家居物品、整理房间最方便、实用的清扫用具,也是其他清洁器具所不能代替的清洁用具。抹布的用途非常广泛,根据用途的不同,应使用不同规格和不同质地的抹布。为了保证抹布不交叉使用,抹布最好以多种颜色区分,或做明显的区别标志。由于抹布的使用量大,多由原客用棉织品改制,因此,须注意不要与客用棉织品混淆,以免引起客人误会。同时,为了保证清洁质量,抹布的洗涤、供应最好由洗衣房负责。客房的每一楼层一定要有充足数量的抹布,以便于周转。

2. 地刷、软毛刷

清洁保养地面时,离不开手工刷地,地刷就成了某些场所、部位不便使用机器清洁时的最好用具。地刷还能运用于多种场合及各个部位的清洁。

软毛刷是一种手柄式的清洁刷,主要用于擦洗面盆、浴缸、瓷片墙面、马桶等。清洁不同的洁具,要严格区分使用毛刷,不能混用。客房清洁用的毛刷,还有地毯刷、窗沟刷等。

3. 玻璃刮

玻璃刮又称为刮水器(图1.1),主要用于清洁玻璃净面。玻璃刮由刮头和手柄两部分组成。刮头由橡皮制成,有多种规格;手柄可伸缩,也有多种规格。使用时可根据需要选用,而且要注意用吸水布擦去刮头上多余的水,这样清洁效果会更好。

4. 房务工作车

房务工作车又称为布草车(图1.2),是客房服务员整理、清扫客房的主要清洁工具。房务工作车多为3层,用以存放客用物品(如床单、枕套等)以及小件清洁工具。工作车的大小应以能够存放一名服务员一天打扫客房所需的全部用品和有关工具为宜。工作车通常安装有4只方向轮,便于转向移动,平时要注意加机油润滑,既可使车转动自如,又可消除噪声。工作时用车堵门,可防止小偷和闲杂人员潜入。

图1.1　玻璃刮　　　　　　　　图1.2　房务工作车

客房服务员每天下班前必须对房务工作车做检查准备,以便第二天清洁工作的顺利开展,从而提高工作效率。房务工作车的准备步骤和做法见表1.2。

表1.2　房务工作车的准备步骤和做法

步　骤	做法和要点	备　注
①擦拭工作车	①用半湿的毛巾里外擦拭一遍 ②检查工作车有无破损	
②挂好布草袋和垃圾袋	对准车把上的挂钩,应牢固地挂紧	二星级以下的酒店一般不设垃圾袋而用塑料桶代替
③将干净布草放在车架上	①床单放在布草车的最下格 ②"五巾"放在布草车上面两格	"五巾"是指浴巾、面巾、澡巾、地巾和方巾
④摆放层间用品	将客用消耗品整齐地摆放在布草车的顶架上	
⑤贮备好清洁篮(桶)	①准备好工作手套 ②准备好干湿抹布、百洁布、毛球、专用抹地布和洗厕所用的毛刷等 ③准备好各种清洁剂和消毒剂	

（二）电器清洁工具

1. 吸尘器

吸尘器(图1.3)是现代酒店客房卫生清洁不可缺少的电器化清洁器具。酒店常用的吸尘器是简式吸尘器,这种吸尘器体积容量大,功率在千瓦以上,融吸尘、吸水作用于一身,有的吸尘器还具有清洗地面的功能。

按吸尘器形状分,吸尘器可分为以下几类:

图1.3　吸尘器

（1）卧式吸尘器:又称为"尘盒式吸尘器"或"尘袋式吸尘器"。特点是外形小巧,方便存放。

（2）立式吸尘器:主要用于大面积的地毯清洁。

（3）手持式吸尘器:主要用于车内的清洁,对键盘、电器等也有良好的清洁效果。缺点是功率较小,吸力不够强劲。

（4）桶式吸尘器:主要用于商用,多为保洁公司、酒店、写字楼所使用。特点是容量大,能吸水。

（5）推杆式吸尘器:特点是体型小巧,使用方便。

吸尘器的构造主要由主机、尘袋、尘袋储存箱、吸管和吸嘴组成。使用时,插上电源,主机内的电动机启动,将吸嘴紧贴地板,吸尘器就会把地面上的灰尘通过吸管吸进尘袋。目前,吸尘器并不局限于清洁地毯和釉木或瓷砖等硬质垫板,它还可以吸除沙发、窗帘、天花板以及抽屉里的灰尘。只要配以不同的吸嘴就可以满足不同的需要,先进的吸尘器可以配上大小、形状、功能各异的吸嘴,连清洁缝隙也有专门的吸嘴,是理想的酒店清洁保养的设备。

使用吸尘器要注意维护和保养。注意的要点如下：

（1）新的吸尘器在使用前必须仔细阅读说明书，一一了解注意事项。

（2）吸尘器每次使用不可超过2 h，否则电动机会发热或者产生振动和噪声，影响机器寿命。

（3）吸尘器电动机的轴承要定期加润滑油，以保证任何时候都旋转顺畅。由于电动机的转速较快，因此炭刷容易磨损，吸尘器使用一段时间后，要更换磨损的炭刷，否则会损坏电动机。

（4）吸尘器在使用过程中，若有漏电或电动机温度过高以及异常响声，应立即停机检查。

（5）吸尘未到饱和状态，集尘器指示红灯发亮，有可能是纸屑或碎布等物堵塞了管道，应停机检查并清除障碍物。在这种情况下，可将吸管安在排气口上，吹出堵塞物。

（6）吸尘器只可用来吸干性尘土污物和吸干物件上的水分，不可用来吸潮湿的泥土、泥浆、黏性物体、酸、碱、金属粉末碎屑、燃着的烟灰、体积较大的硬物等，否则会使绝缘层损坏或造成短路，烧坏电动机。

（7）每次使用完毕，要将吸尘器各部分拆开，用湿布擦干净，再放到通风处晾干。刷子上的毛发、线头等物要清理干净。

2. 洗地机

洗地机（图1.4）主要用于硬质地面的清洗。它具有喷液、擦刷、吸水3种功能。这种机器清洗地面省时省力、效率高、效果好。

3. 洗地毯机

洗地毯机的种类很多，常用的有以下几种：

（1）湿旋机。这种机器主要用于湿洗地毯和硬质地面。

（2）干泡机。这种机器既可用于清洁地毯，又可用于清洁软面家具，最适宜清洁地面上不太脏的毛毯。

图1.4　洗地机

（3）喷吸机。这种机器具有喷液、吸水两个功能，且同步进行，有的设计为可调温喷气式。特点是洗涤力强，去污效果好。

4. 高压冲洗机

高压冲洗机主要用于外墙、垃圾房、停车场、游泳池等处的冲洗。它有冷、热水两种设计，喷出的水压为1.96～6.86 MPa，特别适合于清洗有油污的地方。

5. 打蜡机

打蜡机（图1.5）的品种及功能较多。大多数打蜡机均可一机多用，既可清洗地面，又可打蜡抛光。清洗时，要求转速较低，底刷要硬；打蜡抛光时，要求转速高，底刷要细软。这种机器需加强维护保养，否则容易损坏。

图1.5　打蜡机

6.吸水机

吸水机主要用于吸水。使用前检查各个部件是否完好;使用完毕后,要将各种配件清洗干净,晾干后妥善保管。

【知识拓展】

吸尘器维护保养面面观

吸尘器是现代家庭中的主要保洁器具,因它直接同灰尘、垃圾接触,故应经常清洗,保持清洁。吸尘器表面及其附件,可先用沾有肥皂水的软布擦洗,然后在空气中使其自然干燥,不可用汽油、苯、酒精等有机溶剂擦洗,以免塑料褪色、变色和开裂。

布集尘袋需勤清洗。布集尘袋在使用一段时间后,可用温水进行清洗,洗净后使其自然干燥。在每次清洗后,应检查滤尘器及集尘袋是否有损坏的地方。如发现损坏或破损,应立即修补或更换,以免尘埃及脏物直接进入风机及电动机内,造成风叶叶轮损坏,电动机绝缘破坏,甚至将电枢卡住,以致烧毁电动机。倘若是纸质集尘袋,只需把垃圾倒出即可。

过滤器清洁有两种方法:第一,对用过滤纸作过滤介质的过滤器,可用软毛刷刷去过滤纸上的尘土,刷尘时要细心谨慎,不可把过滤纸刷坏;第二,对用绒布作过滤介质的过滤器,应用冷水清洗后再晾干,千万不可采用热水洗泡,也不可烘干,否则会堵塞细孔,影响吸尘时的吸力。

电刷更换要及时。电刷是吸尘器电动机的主要部件,长期运行后,电刷磨损,电动机转速降低,噪声增大,从而缩短电动机的使用寿命,因此应及时更换新电刷。

【思考与实践】

1.酒店的清洁设备有哪些? 如何使用这些清洁设备?

2.房务工作车怎样摆放客房用品?

3.如何维护和保养吸尘器?

任务三　清洁剂的准备

【学习目标】

认识清洁剂的种类,能正确使用清洁剂。

【前置任务】

以小组为单位,通过各种手段收集现阶段酒店常用清洁剂的资料图片,并制作成PPT。

【任务准备】

教师准备多功能清洁剂、"三缸"清洁剂、玻璃清洁剂、金属抛光剂。

【相关知识】

为了保证客房清扫的质量并提高工作效率,在客房清洁保养工作中,少不了使用清洁剂。目前,市场上的清洁剂种类繁多,选用价格合理、效果良好的清洁剂,成了客房管理者的重要日常工作。

（一）清洁剂的种类

常见的清洁剂包括酸性清洁剂、中性清洁剂、碱性清洁剂、抛光剂、溶剂、消毒剂、空气清新剂等。

1. 酸性清洁剂（$0<pH<7$）

酸性具有一定的杀菌除臭功能,主要用于卫生间的清洁。因为酸有腐蚀性,所以在用量、使用方法上都需特别留意。禁止在地毯、石材、木器和金属器皿上使用酸性清洁剂。例如,马桶清洁剂、硫酸钠、草酸、消毒剂、醋酸、柠檬酸、过氧化氢漂白剂等。

2. 中性清洁剂（$pH=7$）

中性清洁剂配方温和,可起到清洗和保护被清洁物品的作用。现在酒店广泛使用的多功能清洁剂即属此类。例如,多功能清洁剂、地毯香波等。

3. 碱性清洁剂

碱性清洁剂不仅含有纯碱,还有大量的其他化合物,对清除一些油脂类脏垢和酸性污垢有较好的效果。碱性清洁剂包括以下几类:

（1）玻璃清洁剂（$7\leqslant pH\leqslant10$）。有桶装和高压喷罐装两种。前者类似多功能清洁剂,主要功能是除污斑。后者内含挥发性溶剂、芳香剂等,可去除油垢、有芳香味,且会在玻璃表面留下透明保护膜,更方便以后的清洁工作,但价格较高。

（2）家具蜡（$8\leqslant pH\leqslant9$）。家具蜡形态有乳液、喷雾型、液体状等几种,它具有清洁和上光双重功能,使用时涂抹 15 min 后擦拭,去除家具表面动物性和植物性油污,形成透明保护膜,具有防静电、防霉的作用。

（3）起蜡水（$10<pH<14$）。用于需要再次打蜡的大理石与木质地面,碱性强,可将陈蜡及脏垢浮起而达到去蜡功效。使用时需反复漂清地面后,才能再次上蜡。

4. 抛光剂

（1）金属抛光剂。清除金属表面的锈蚀和刮痕,使用后在金属表面形成保护膜,延缓锈蚀再次产生。

（2）地面抛光剂。有油性和水性两种。前者多用于木材等多孔质地面,使用后形成保护膜。后者多用于少孔的塑料地板、花岗岩和云石地面等,使用后形成坚硬的保护层,同时具有防滑作用。

（3）封蜡。防止污垢、液体、油脂甚至细菌的侵入。封蜡主要有油性和水性两种。油性封蜡一般用于木质地板,也可用于水泥地面、石料地面。水性封蜡一般用于塑料地板、橡胶地砖、大理石地面。

5. 溶剂

（1）地毯除渍剂。专门用于地毯上的特殊斑渍,对怕水的羊毛地毯尤为适用。

（2）牵尘水（静电水）。将干净的尘拖头浸泡在牵尘水中,沥干使用,打扫时产生静电,吸附尘埃,也可用于免水拖地面,除尘效果好。

6. 消毒剂

消毒剂主要用于卫生间、大厅、公共场所地面和设备的清洗、消毒。其具有杀菌能力,可抑制细菌、酵母和霉菌的滋生,高氯低碱无泡,过洗容易,不残留。

7. 空气清新剂

空气清新剂主要用于卫生间、会议厅、大厅、公共场所的清新、爽洁。它是一种由植物油提炼的香精复配液,可清除室内外空气异味,保持空气清新。

（二）清洁剂的安全使用

在清洁剂的管理和使用中,需要注意以下问题:

（1）制定相应规章制度,掌握放置和使用清洁剂的正确使用方法。

（2）对清洁剂的管理做到:专人管理、分类保管、摆放整齐。

（3）使用强酸强碱时,要稀释。

（4）配备相应的防护用具,如清洁工具、手套等。

（5）禁止服务员在工作区域内吸烟,以保证安全。

【知识拓展】

绿色饭店

绿色饭店是指运用环保健康安全理念,坚持绿色管理,倡导绿色消费,保护生态和合理使用资源的饭店。核心是为顾客提供符合环保、健康要求的客房和餐饮。

绿色饭店有三大标准——安全:消防安全、治安安全和食品安全;健康:提供给消费者有益于健康的服务和享受;环保:减少和避免浪费,实现资源利用的最大化。目前,我国绿色饭店以银杏叶作为标志。根据饭店在安全、健康、保护环境等方面的程度不同,绿色饭店分为 A 级至 AAAAA 级。

绿色饭店需要有一些基本原则来指导实际工作以支持它的持续改进和发展。

☆ 再思考——转变观念

环境问题的产生并不是人们故意破坏的结果,而是人们在追求经济发展、提高生产力、提高生活水平的过程中的一个副产品。尤其是 20 世纪 90 年代以来变得日益严重的一些环境问题,如固体废弃物的增加,与产品生产者的生产理念、人们的生活理念有密切的关系。所以,饭店要重新思考现行的生产方式、经营方式和服务方式,把环境因素作为一个重要内容来考察现有行为的合理性,然后提出进一步的改进措施。长期以来,在旅游界流行的"旅游业是无烟产业,不会对环境造成污染"的观念需要改变。事实上,我国许多地方为了开发旅游业大兴土木,已对环境造成严重破坏,而且许多破坏是不可弥补的。

☆ 再循环——节约资源

由于地球上的绝大多数资源都是有限的,因此,要提高对它们的利用效率,一个较好的方法是对可循环使用的资源进行再利用。再利用可分为微观再利用和宏观再利用两个层次。微观再利用是一种企业内部的行为,而宏观再利用是在全社会范围内,由政府干预或其他方式来实现的。饭店内部首先要努力实现微观再利用,例如,中水、冷凝水的回用等。但是纸张的宏观再利用,即纸的再生,在饭店内部是无法实现的,此时,饭店的任务是要为宏观再利用创造条件,即把废弃的纸张从其他的废弃物中分离出来,集中由废品处理站送到造纸厂进行再生。

☆ 再减少——降低成本

简化、减少的根本目的是减少浪费、减少废弃物的产生,从而降低经营成本,提高资源效益。在大部分人的观念中,现代饭店就是豪华生活的代名词,所以饭店非常注重"包装",包括对服务过程、对提供物品的包装,正是这种包装使得饭店造成大量浪费,并产生大量废弃物。典型的就是饭店提供的生活用品、卫生用品,包装精美,一旦被客人打开后就成了废弃物。饭店完全可以实施简化包装,既能节约资金,又可达到保护环境的目的。又如饭店为客人每天更换床单,为此饭店每日有大量的床单要洗,用水量大大增加。在不影响卫生标准的情况下,减少床单的更换次数可以减少水、电的用量,减少织物、设备的磨损和洗涤工作量。

☆ 恢复、补偿——改善环境

饭店存在大量对环境不利的因素,因此需要对这些因素进行改进,减少对环境的破坏;同时,饭店要在可能的情况下投入资金,对已经造成破坏的环境进行治理,以使环境得到恢复和补偿。虽然环境在遭受破坏后很难再恢复原貌,但是对它进行恢复和补偿是必要的,例如,饭店通过种植花草树木的方式来净化空气、补偿绿地的减少。在倡导可持续发展的今天,创建绿色饭店已成为一种时尚,而客房的绿色化则是其中重要的组成部分。因此,通常在客房的房间和卫生间放置棉织品的免洗提醒卡;减少并非大多数客人需要的客用品的品种和数量,同时提醒客人如果需要这些物品可以通知客房中心提供;在卫生间使用沐浴液、洗发液的液体分配器取代传统的一次性容器,减少一次性容器对环境造成的污染;客房小冰箱选用吸收式的环保产品;减少一次性塑料用品的使用,等等。

【思考与实践】

1.清洁剂的种类有哪些?

2.它们的用途及使用方法怎样?

任务四　客用物品的准备

【学习目标】

①根据不同类型的客房和客房的设计理念与客用品的摆放标准,摆放客用物品。

②熟练配备房间各种用品与卫生间用品。

【前置任务】

以小组为单位,通过各种手段收集现阶段酒店客房种类、床和客房用品的资料图片,并制作成PPT。

【任务准备】

布置好模拟客房,准备各类客房用品。

【相关知识】

模块 1　客房的种类

客房是酒店最基本、最主要的产品之一。不同类型、档次的酒店,为了满足不同需求的客人对用房的要求,设置了不同种类的客房。一般地,档次高的大型酒店的客房种类多且齐全、讲究,小型酒店的客房种类少,其设备则以实用为主。

(一)客房的种类

总的来说,客房的种类只有两种:一是单间客房;二是套间客房。根据房内配备的不同种类、数量的床,不同的房间数量以及不同的室内装潢布置划分不同类型的客房。

1.单人房(图1.6)

配备一张单人床的单间客房叫单人房。房内有独立的卫生间,通常面积较小,这种客房的隐私性强,适合单身客人。

2.大床房(图1.7)

配备一张双人床的单间客房叫大床房。这种房间适用于夫妻同住,但也有单身客人选择这类房间。出租给新婚夫妇住用时,经酒店精心布置后,称为"蜜月房"。

图 1.6　单人房

图 1.7　大床房

3. 标准客房（图 1.8）

配备两张单人床的单间客房叫标准客房。这类客房可供两位客人同住，同样也可出租给一位客人住用。这类客房在酒店里占绝大多数，旅游团队和会议客人喜欢使用。

像这类放两张床的客房又叫双人间。房内除放两张单人床外，还可放置两张双人床或一张双人床、一张单人床，这种配备很适合家庭使用。

如果房内设备高档，装饰布置考究，这种客房被酒店称为高级或豪华客房。

图 1.8　标准客房

图 1.9　三人房

人房（图 1.9）

人床的单间客房叫三人房。这类房间常见于二星级以下酒店。在高档酒
　　　　如果客人要求三人合住一个房间时，往往以在标准客房加一张折叠

　　　　　　　.10）

　　　　　标准套间，是由中间有门连通的两间单间客房组成的，一间为起居室，另一间为卧　　室内通常配备一张双人床，但也有配备两张单人床的。

6. 豪华套房（图 1.11）

豪华套房的室内装修华丽高雅，家具用品高级配套，套房可以有 2 间，也可以有 3 间。室内设备一应俱全，除卧室外，还有客厅、会议室，公寓式套房还设有餐厅、厨房等。卧室内通常配备大号双人床或特大号双人床。

图 1.10　普通套房

图 1.11　豪华套房

7. 特殊客房（图 1.12）

特殊客房是为某一类人群特别设计和布置的客房,如商务客房、娱乐客房、健身客房、知识客房、男性客房、女性客房、VIP 客房、医疗客房等。各类客房各具特色,又具有兼容性。

8. 总统套房（图 1.13）

总统套房简称总统房。套房一般由 7~8 间或更多房间组成,但也有 4~5 间为一套。套房内总统与夫人的卧室分开,男女卫生间分用,拥有客厅、书房、会议室、娱乐室、随员室、警卫室、餐室、酒吧间以及厨房等设施。室内装饰布置极尽华丽,设备极为考究。套房通常设置在酒店的最高层,并有专用的电梯直达。

图 1.12　特殊客房

图 1.13　总统套房

为了满足不同层次的消费需要,不仅所有五星级酒店,甚至四星级、三星级酒店都装备了堪称世界一流的总统套房。

客房的种类除上述 8 种外,还有其他类型的房间。如专为残疾人服务的客房,这类特殊的客房在设计与装饰布置上充分为残疾人考虑:通道宽敞、地面无障碍,卫生间也设有特别的装置,以保证残疾人在客房内活动方便安全。此外,还有复式套房、组合套房、多功能客房等。

9. 特色楼层

为面向同类消费者,利用某些楼房的全部或一部分客房,集中设置的楼层叫特色楼层,如商务楼层、行政楼层、女士楼层。

（二）床的种类

床是客人睡眠休息的家具，是客房内最基本、最主要的设施。客房内配备的床的种类、数量与确定客房的种类密切相关。目前，我国宾馆、酒店的用床还没有一个统一的尺寸标准，就算同类型的床，其大小规格也有较大的差异。

酒店通常配备如下几种床：

（1）单人床。

（2）双人床。

（3）大号床、双人床。

（4）特大号双人床。

（5）折叠床。

（6）婴儿床。

（7）沙发床。

（8）隐壁床。

为使客人在睡眠时更舒适，酒店用床的规格逐渐变大，单人床的规格一般为1 300 mm×2 000 mm，酒店以宽床招徕客人。

模块2　客房的功能区

客房是客人住店期间的主要活动场所。客房应具备满足客人日常起居生活的各种功能，满足客人在客房内休息与工作等的需要。标准客房是酒店客房中最普通的一种类型，占酒店的比例最大。下面以标准客房为例，对客房功能进行概述。

（一）睡眠休息区

这是客房最基本的功能空间区域。区域里配备的主要家具是床。床应该是稳固、美观、令客人睡眠舒适。床头柜是与床相配套的家具用品，它也是整个客房电器设备操作的枢纽，向客人提供在床上控制各项电器设备的舒适条件。它能方便客人放置小件物品，更能方便客人享用房内的其他设备设施，如开启、关闭电视，收听音乐等。床头柜功能的多少，在某种程度上反映出酒店客房的等级。

（二）起居活动区

起居活动区也称"窗前活动区"，是标准客房的窗前区域。配置的起居家具是小圆桌（咖啡台）、扶手椅及辅助照明的落地灯，供客人会客、休息及阅读之用。此外，还兼有供客人饮食的功能，客人在此饮茶、进餐。同时，可以透过窗户眺望窗外景物等。窗前活动区面积的大小，也能反映一个酒店客房等级的高低。

(三)书写阅读区

标准客房的书写空间大都安排在床对面,这里放置写字台(兼做办公台)、软座椅,台面上有台灯、文具夹。如果客房不设独立电视柜,那么可将彩色电视机放在写字台一侧的台面上。在该处的墙壁上一般都装有梳妆镜和镜前灯。客人在此既可以书写阅读,也可以梳妆打扮。

(四)贮物区

贮物区一般安排在卫生间对面,进出客房的道旁。该区的家具设施有:壁柜、行李柜和酒吧柜,可供客人存放衣物、行李,酒店存放为客人提供的被子、浴衣以及酒水、饮料等食物。

为节省空间,壁柜门多做成推拉式,柜内有自动开关的照明用灯,以方便客人存取物品。为方便客人,柜内通常配置电子密码保险箱。酒吧柜通常与壁柜组合在一起,上半部分是玻璃酒架,下半部分是小型冰箱柜,构成微型小酒吧,摆放各种名酒和饮料食品,以满足客人对酒水、饮料等食物的需要。

(五)盥洗区

客房的卫生间即盥洗区,它是酒店客房的主要组成部分。一般地,标准客房卫生间主要设施设备有洗面盆、浴缸和坐厕三大件,俗称"三缸"。但在高级豪华的酒店里和某些国家的饭店里,卫生间里常设置四件洁具(即浴缸、坐厕、妇洗器、洗面盆),其中妇洗器的设置,主要满足一些国家妇女的使用习惯。洗面盆装在大理石(云石)台面上成洗面台。洗面台上方墙壁装有大型的梳妆镜,台面摆放着供客人使用的卫生清洁和化妆用品。洗面台两侧的墙壁上分别装有不锈钢的毛巾架,须刨、电吹风等小电器的电源插座以及卫生间电话。与浴缸配套的设备用品有淋浴喷头、防滑扶手、浴帘、浴巾架和晾衣绳等,卫生间内还设有通风换气装置和泄水的地漏。

酒店的等级越高,盥洗区的面积越大,酒店提供的物品设置越多。一个功能齐全、精致美观、大方实用的卫生间,会使客人的心情格外愉快。

模块3　客房的布置与客用品的配备

客房的布置要充分考虑客人的需求特点和发展趋势,配备也应品种齐全、数量充足、美观实用,这样既可满足住客的实际需要,又能提高客房的规格标准,增强客房的吸引力,有利于提高酒店在市场的竞争力。

（一）客房的布置

客房设置物品的布置要注意协调，配套、装饰、色彩和谐，既要有适用性，也要给人以美的享受。客房布置的原则要突出功能性、协调性和美观性三个方面。

1. 功能性

客房布置首先要考虑客房设施的功能性、适用性。依据室内空间的用途及其功能的需要，根据客人住店的活动规律和心理特点做好室内环境的装饰布置。在布置中要注意以下几个方面：

（1）活动区域应安排在采光好和空气流通的地方，宜靠窗。

（2）家具设备应尽量靠窗布置，使房间使用面积得到充分利用。

（3）睡眠休息区应具有一定的遮蔽性，不应使人一进入客房就直视到。

（4）注意不能因电源线过长而影响安全，也不能因电器设备或电器开关的位置不合理而令客人使用不方便。

（5）家具设施、水电设备的规格及其摆放位置要合理，让客人感到使用方便、舒适。

（6）大件家具物品不宜放在靠窗、门口的地方，以免遮挡光线，阻碍空气的流通，注意保持房间的整体美。

2. 协调性

（1）客房的装饰布置要与酒店的等级、档次相协调，要反映出不同类型的客房的接待规格。

（2）要与酒店接待的主要客源对象相协调。如主要接待西方客人和接待港、澳、台同胞为主的酒店，其客房的布置风格、设备物品的尺寸规格及装饰美化物品的选择上就应有所不同。

（3）家具的设备要配套协调。从家具的款式、流派、风格到造型式样及材料的选用等都要给人以舒适和谐之感。

（4）设备和物品要协调。如床具和床上棉织品的大小、规格要协调。

（5）色彩要协调。如客房内家具设备、地毯、窗帘、床爪等以及卫生间浴具的色彩要和客房装饰环境相协调。

（6）要与建筑格局相协调。摆放家具时要因地制宜，尽量让家具与房间的形状、面积融为一体，与建筑格局相协调。

3. 美观性

美观是指在舒适、实用及满足功能要求的前提下，创造出一个高精神境界的室内环境，尽量满足客人的审美要求，使他们获得艺术享受，让客人切实感到酒店客房的档次、品位、情调和气氛。客房布置均衡、协调本身就是符合美的原则，室内空间各部分色彩的选择和调配，应尽量简单和谐，配合室内陈设艺术创造富有生机和美感的客房环境。客房陈设的内容及装饰要求如下：

（1）墙饰。

①墙饰的品种一般包括绘画、木刻、刺绣、浮雕、手工艺品、壁毯或脸谱等。

②墙饰的要求：

● 墙饰应突出主墙，使之成为装饰中心。

● 室内需要布置较多的墙饰时，最好品种内容有穿插，不给人以单调感，并注意大小层次的关系。

● 墙饰的位置要符合视觉规律，要与家具高低相适应。

● 墙饰的档次、风格要与客房等级、客房环境风格相一致。

总之，墙饰的选材装饰最好能比较明确、形象地反映民族文化的特点，也能够体现时代潮流。

（2）摆件。

①摆件的种类包括玉刻、牙雕刻、木制品、漆制品、藤竹编、金属制品、景泰蓝、陶瓷制品等。

②摆件的要求：

● 摆件的位置要兼顾大小和高低，有呼应，有虚实，有规律而不呆板，灵活而不杂乱。

● 摆件与墙饰要相互协调，相映成趣。

● 摆件与橱、架要相互衬托，使其造型、色彩和内容相协调。

（3）花草。客房内的花草布置有长期布置和临时布置两种，长期布置以盆栽花木或干花为主，临时布置以插花为主。

①盆栽花木。主要指盆花和盆景。一般可放置在茶几、花架、案台等处。

②插花。主要有花束和花篮两种。常用于节目、客人生日、贵宾、慰问伤病客人等。插花要注意以下几点：

● 选用新鲜的花卉，不能有残枝败叶。

● 注意颜色搭配，讲究枝形艺术。

● 了解客人身份，避免使用客人禁忌的花卉。

（二）客用品的配备

客房用品的配备是酒店星级划分的依据。不同星级酒店及不同种类的客房，设备用品的质量和数量有较大的差别。高档酒店客房用品配备应显华丽名贵且种类繁多；中档酒店的客房用品要求既精致、美观，又适度实用；低档酒店的客房用品要求较简单，只求实用、方便和安全。不同档次和种类的客房，虽然设备物品的配备标准规格不同，但提供宾客使用的设备物品必须完好齐全。

现以某高档酒店标准客房为例，将客房用品布置标准列举如下：

1. 房间用品布置标准要求

（1）门内锁把上挂有"请勿打扰""请先打扫""送餐服务"，房门内上部中间挂有"紧急疏散图"，房外上部中间钉有房号牌。

（2）壁柜。两床带被套的被子放置壁柜上层，下层的挂衣杆上备有西服衣架、裤架、裙架各4个，均集中在挂杆一侧，壁柜内放置一小型电子密码的保险箱，以方便客人存放贵重物品,如饰物、现金、重要文件等。靠壁柜端一侧是固定式的行李架,其下方是贮存柜。

(3)多用写字台,是一长条形多功能柜桌,其一侧台面上放电视机,遥控器位于电视机上面,下方柜内是放置各种饮料食品的小冰箱,被称为"小酒吧"。台面另一侧上方放置台灯,台面的中间放文具夹(服务指南夹),夹内有:酒店简介、服务指南、房内用餐菜单、防火须知、安全指南、宾客须知、电视节目单、设施价格表、宾客意见书、酒水单、信封3个、信纸5张、电传纸2张、明信片2张、圆珠笔、针线包2盒等。写字台其中一个抽屉内放有洗衣单和洗衣袋,礼品袋置于左侧,单在上,袋在下。

写字台因可兼做化妆台,所以在墙面上设有梳妆镜,镜上两侧装有镜前灯。

(4)垃圾桶。置于写字台一侧,内置垃圾袋。

(5)小圆桌、扶手椅。小圆桌(咖啡台或茶几)置于两扶手椅(或沙发)中间。桌面放置热水瓶、茶杯及垫碟(或垫纸)、茶叶包、烟灰缸和火柴。摆放位置标准按会客服务要求布置,热水瓶要放在桌面里侧。扶手椅旁边配置辅助照明用的落地灯。

(6)床与床头柜。床上的质量要求是床垫有适度的弹性、牢固,在床头有床头软板,以增加舒适感。床上所用布巾:床罩1条、毛毯1条、枕芯2个(大床4个)、枕套2个(大床4个)、床单2条、褥垫1条。

床头柜(多功能控制柜)置于两床中间,电话机在柜面左侧,电话机下压有电话使用说明,晚安卡放在柜面右上侧,便签夹、纸笔在右下侧,摆放位置要均匀。床头柜内摆放一次性拖鞋2双,分置两侧,鞋拔1个,亮鞋器或擦鞋纸2张置于中心位置。床头柜的上方配备可调控光亮度的床头灯2盏。

总的来说,客房用品要求卫生、整齐、美观、位置正确、适用。既方便客人,又方便客房服务员的服务操作。台面用品布置要求高,原则上高物、后用的物品应摆放在里;低物、先用的物品宜放在外。房间用品配套标准见表1.3。

2.卫生间用品的布置标准

(1)洗脸台。长方盘或方盘离墙面5 cm摆放。盘内物品有:洗发液、洗浴液、牙膏、牙刷、梳子、小香皂、水杯、杯垫等。盘内物品摆放间距上下1 cm、左右均匀,物品距盘边1 cm。另外,方巾2条、面巾纸1盒置洗脸盆两侧,位置匀称。

洗脸台一侧墙壁的巾架上置放有酒店标志的面巾、毛巾。所有的卫生用品和巾类均按两个客人的用量配备两套。

(2)垃圾桶。摆放在洗面台下一侧(内置垃圾袋)。

(3)抽水马桶旁。卫生纸1卷、卫生袋2个置水箱上。

(4)浴缸。侧面墙壁巾架上大浴巾2条、面巾2条,挂放整齐均匀,店徽面向客人。正面墙壁的皂缸内2块浴皂商标朝上放置。浴帘整齐地拉至浴缸尾部,地巾1条置于浴缸边沿上,店徽朝向客人。

客人一般对卫生间都非常重视,即使客房陈设再简朴,卫生间也不能寒酸;酒店档次再低,卫生条件也不能降低,要让客人在现有的条件下尽量满意。普通客房卫生间用品配备标准见表1.4。

表1.3　房间用品配备标准

放置位置	物品名称	配备数量
床上(一张床)	床罩	1 条
	毛毯	1 条
	枕芯	2 个(大床4个)
	枕套	2 个(大床4个)
	床单(衬、垫)	2 条
	褥垫	1 条
床头柜	电话机	1 部
	便签	5 张
	铅笔	1 支
	电话服务指南	1 份
写字台	服务夹	1 本
	烟灰缸	1 个
	火柴	1 盒
写字台抽屉内	洗衣袋	2 个
	洗衣单	2 份
	购物袋	2 个
服务夹内	酒店简介	2 份
	服务指南	1 份
	宾客须知	1 份
	房内用餐菜单	1 份
	航空信封\普通信封	各 3 个
	大信纸、中信纸	各 5 张
	明信片	2 张
	电传、电报、传真纸	各 2 张
	各类文件	一批
	行李箱贴	2 张
	宾客意见书	12 份
	针线包	2 盒
	安全指南	1 本
	圆珠笔	1 支
	设施价格表	1 份

续表

放置位置	物品名称	配备数量
电视机	电视节目单	1份
	遥控器	1个
茶几	保温瓶	1个
	茶盘	1个
	茶杯	2个
	茶叶盅	1只
	茶叶	红茶、花茶、普洱茶
	烟灰缸	1个
	火柴	1盒
小吧台	酒杯	若干
	调酒棒	2根
	酒篮或酒盘	1只
	小酒吧立卡	1张
	小酒吧账单	2份
	酒水	若干种
	杯垫	每杯一张
	餐巾纸	若干张
	冰水瓶	1个
冰箱	水杯	2个
	饮料、食品	若干种
壁橱内	衣架	12个
	鞋篮	1个
	拖鞋	2双
	擦鞋纸	2张
	鞋拔	1个
	衣刷	1把
	丝棉被	2张
	电子密码保险箱	1个
写字台旁	垃圾桶	1个

表1.4　普通客房卫生间用品配备标准

放置位置	物品名称	配备数量
洗脸台上	漱口杯	2个
	香皂碟	1只
	方巾	2条
	烟灰缸	1个
	牙刷、牙膏	2套
	香皂	4块（大、小各2块）
	洗浴液	2瓶
	洗发液	2瓶
	浴帽	2顶
	梳子	2把
	指甲刀（锉）	2把
	化妆棉签	2盒
	面巾纸	1盒
	剃须刀	2把
洗脸台下	体重秤	1个
	垃圾桶	1只
洗脸台旁墙上的毛巾架	面巾	2条
	小浴巾	2条
	大浴巾	2条
抽水马桶旁水箱上	卫生纸	1卷
	卫生袋	2个
浴缸口沿	地巾	1条
浴帘杆	浴帘	1条

【知识拓展】

客房设计的趋势

☆ 设计人文化

　　客房的设计更注重人性化。如插座的位置更加精心设计，以方便客人的使用；座椅将更加追求舒适感，至少应有方便移动的轮子，高低可以调节，以满足客人办公和休息的双重需要；照明的灯光既考虑美化环境，也兼顾阅读和工作的需要，具有足够的亮度等。另外，还考虑残疾客人的需要，在所有残疾客人可能抵达的楼层区域应有无障碍设计，可能需要使用的设施应可自助使用,无须他人帮助,这也体现了一种社会文明。

　　☆ 类型多样化

　　随着酒店业的发展,一些有远见的酒店已开始营造自己的特色,而客房的类型是其区别于其他饭店的一个重要方面,由此,使得客房类型呈现多样化发展趋势。如商务客房、会议客房、休闲度假客房、无烟客房、女士客房、儿童客房、残疾人客房、盲人客房、大床房、连通房等。在客房类型趋于多样化的情况下,饭店也逐渐形成了自己的特色,尽量使客人满意。

【思考与实践】

　　1.客房的种类有哪些?

　　2.客房床的种类有哪些?

　　3.客房布置应遵循怎样的原则?

　　4.客房可分为哪些功能区?

任务五　清扫顺序的确定

【学习目标】

　　①能识别房间状态,学会看房态,能通过房态确定清扫顺序。

　　②根据客房清扫的标准确定房间清扫的程序。

【前置任务】

　　①通常,客房有哪些状态? 怎样识别?

　　②如何确定客房的清扫顺序?

【任务准备】

　　客房房态表、酒店电脑软件的楼层房态图。

【相关知识】

模块 1　客房状态

　　(1)住客房。简称住房(Occupied,简写"O"或"OCC"),指客房内有人入住。

（2）走客房。简称走房（Check Out，简写"C/O"），表示客人已离店，客房未清洁或正在清洁。

（3）空房（Vacant，简写"V"），表示该房已清扫，等待出租给客人。

（4）维修房（Out of Order，简写"OOO"），表示该房间的设施设备发生故障，正在等待维修。

（5）请勿打扰（Do Not Disturb，简写"DND"），表示客人因故不希望被打扰而挂上请勿打扰牌。

（6）保留房（Blocked Room，简写"BR"），表示酒店为团体客人或预订客房的客人而保留的房间。

（7）长住房（Long Staying Guest，简写"LSG"），表示酒店以合约形式由客人长期包租的房间。

（8）贵宾房（Very Important Person，简写"VIP"），表示接待重要客人的豪华房间。

（9）未清扫房（Vcant Dirty，简写"VD"），表示未打扫的房间。

（10）已清扫房（Vcant Clean，简写"VC"），表示该房已清扫完毕，可以出租。

（11）住客外宿房（Sleep Out，简写"S/O"），表示该房已租用，但住客昨夜未归。

（12）少行李房（Light Baggage，简写"L/B"），表示住客行李少的房间。

（13）加床（Extra Bed，简写"E"），表示该房有加床。

（14）请先打扫房（Make Up Room，简写"MUR"），表示该房需要服务，请立即打扫。

模块2　客房清扫要求

不同房态的客房其清扫要求也不同。

（1）简单清扫。如空房，一般只进行洗尘、擦拭家具，并检查房间物品和设备是否完好齐全便可。

（2）一般清扫。如客人正在使用的房间，物品较多也不便挪动位置，只需要把房间收拾整齐干净即可。

（3）彻底清扫。如走客房，因要恢复客房的使用价值，必须对走客房进行彻底的清扫，以便重新接待新入住的客人。

模块3　客房清扫顺序

客房的状况不同、客人对卫生的要求不同及住客的身份不同，客房清扫整理的要求和顺序也就不同。

（1）贵宾房。应及时地进行清扫，并按"贵宾接待通知单"的要求进行布置。

（2）总台指示打扫房间。由于销售的需要总台有时会指定要求某客房要在什么时间前清扫整理好。遇到这种情况,应在工作记录表上登记好,并按总台的要求安排清扫整理。

（3）挂有"请先打扫"牌的房间。客人要求尽快清扫整理其住房,如无特殊情况,应满足客人的这一要求。

（4）走客房。应及时地清扫整理好,以供总台销售,不能使这种房态的客房长时间处于待清扫整理的状况中。有些酒店对此则作专门的时间限制。

（5）续住房。因客人当日不离店结账,继续住宿,应根据住客房的标准要求进行清扫整理。

（6）空房。虽然空房已清扫整理过,并可随时出租,但连续多天无客人租住的空房,则需要进行简单的清扫整理,如抹尘、地毯吸尘、更换变硬的毛巾、将水龙头里的水放流至清等。

通常,不同状况的客房,其清扫顺序要求如下:

VIP 房→总台急需房→挂有" Make Up Room "（请先打扫）房→走客房→续住房（住客房）→空房。

房间的清扫顺序不是一成不变的,应视客情而定,卫生班的服务员要听从主管和台班的安排,不可贪图方便。

【知识拓展】

客房服务的特点及基本要求

☆ 客房服务的特点

客房服务是以客房及有关的设施设备物品为凭借,通过劳务的形式来满足客人旅居生活需要的一种特殊产品,它与其他的产品相比或与酒店其他服务相比,如前台服务、餐饮服务等,有着一定的特殊性。

● 非直接性

客房服务大部分环节和内容不是面对面地向客人提供服务,而通常是以"暗"的服务方式为主。所谓"暗"是指见不到的服务。比如,客房卫生班的服务员,他的服务就不是通过直接地、面对面地提供"主动、热情、耐心、周到"的服务,而是避开客人,按规范和程序完成客房的清洁整理工作。

● 延续性

客房是客人旅居在外的休息、工作、娱乐场所,是他们住店期间逗留时间最长的地方。客房的设施全、服务好最能让客人感受到这个"家外之家"的温馨、舒适、愉快。自客人住进客房开始,客房服务便不间断地贯穿于客人住店的全过程。

● 随机性

客房服务工作的内容零星琐碎,从客房的整理、物品的补充、设备的报修到代办服务、微笑服务;从客人的抵店至离店的服务接待到送别后的房间检查等,内容繁杂且无一不是琐碎事务。客人在何时何地,在什么情况下需要哪些服务,事先都难以预料。因此,客房的服务工作具有一定的随机性。再加上客人来自不同的国家、地区,有着不同的兴趣、爱好、个性及宗教信仰、生活习惯,这就更增加了客房服务的复杂性。要想更好地满足客人的住房需要,客房服务不能只强调统一化、程序化的工作方式,它需要客房部员工在服务过程中,注意揣摩客人心理,了解他们的生活规律,做到规范性和灵活性相结合,给客人以更多的个性化服务。

☆ 客房服务的基本要求

● 对宾客要真诚

优质的客房服务,首先要突出"真诚"二字。真诚地接待客人是客房服务中最重要的基本要求,也是良好的服务态度的体现。客房服务员为客人提供服务时必须发自内心的主动、热情、耐心和周到。主动,就是要求服务员掌握服务工作的规律,要勤奋,要自找"麻烦",力求使客人完全满意。热情,就是待客如亲人,微笑服务,语言亲切诚恳。耐心,就是在众多的客人面前,不管服务工作多忙、压力多大,都要保持和蔼,不急躁,不厌其烦地为客人服务,认真耐心地做好每项服务工作。周到,就是善于观察、分析客人的心理和特点,懂得从客人的神情了解客人的需要,在客人开口之前服务,效果超乎客人之意料,服务工作力求尽善尽美。

● 服务具备效率

为讲求效率,客房服务工作应尽可能地在时间上实行量化标准,如规定服务员在 25 ~ 30 min 内完成一间走客房的清洁整理,这就要求客房服务员工作要勤快、有条理,注意养成良好的工作习惯,提高服务效率。

● 使客人有好感

a.安全感。安全感是客人入住酒店最基本的需要之一。客人办理住宿登记后所住的房间,是他私人享有安全的范围。如果没有其他原因,就绝对不能干扰他在客房内的活动,不能使客人有不安全的感觉。

b.宾至如归感。客人期望酒店成为他们真正的"家外之家"。要使客人有宾至如归的感觉,客房服务员最重要的责任是使客人在精神上获得愉悦,犹如居住在自己的家中。

c.舒适感。让客人在清洁卫生、赏心悦目的住宿环境中,冲一个热水澡,洗去一路风尘;客房小酒吧内的各式名酒、饮料,随手可取用;需要的餐食,只需一个电话即可送到房间;房内的布置高雅,色彩温馨;丰富的电视节目可供选择等,这一切都会给客人带来舒适、愉快的身心享受。

【思考与实践】

1.客房有哪些状态?英文简写是什么?

2.客房的清扫顺序是什么?

项目二　客房的清洁整理

学习目标

①客房日常清洁工作是客房部一项最重要的工作内容，服务人员应能熟练运用每一个服务程序，熟悉每个程序的标准；

②严格按照酒店制订的整理清扫的程序和标准进行清洁打扫，使之达到规定的质量标准；

③熟练运用各种礼仪面对客人，能灵活应对各种特殊情况。

客房清洁卫生工作是客房部服务管理的重要内容。清洁卫生工作的质量,直接影响客人的入住时间及回头率,它是酒店服务质量和管理水平的综合反映,因此,必须引起高度重视,并严格按照服务制订的标准、要求清洁整理客房。

客房日常清洁工作是客房部一项重要的工作内容,也是衡量客房服务质量的一个重要标准。作为一名客房服务员,就是要使酒店客房永远保持整齐、干净和富有魅力。客房卫生保持得好,才能满足客人最基本的需要并得到客人的赞扬。因此,客房服务员应对不同状态的房间,严格按照酒店制订的整理清扫的程序和标准进行清洁打扫,使之达到规定的质量标准。

任务一　敲门进房

【学习目标】

①运用礼貌礼仪知识学会规范敲门进房。

②根据客人的实际情况,灵活应对进房后可能出现的各种特殊情况。

【前置任务】

①以小组为单位,通过各种方法了解现阶段酒店客房敲门的规范。

②以小品的形式汇报进房后若有客人应如何处理。

【任务准备】

学生组成4~5人的学习小组,收集相关资料,并在上课前一天把相关资料交给老师。

【相关知识】

为了保证客房清扫的质量和提高工作效率,在进行客房整理和清扫前必须了解客房清扫的有关规定和做好各项准备工作。

由于客人住进客房后,该房间就是客人的私人活动区域,因此,客房服务员在为客人提供服务的过程中,必须按照一定的程序方可进入客人的房间。

模块1　敲门进房前的注意事项

(一)客房服务员不能擅自进入客人的房间

例行清扫工作时,若客人在房间,必须征得客人的同意后才能进房。每天的清扫整理应安排在客人不在房间时进行。如果客人不离房,则应征询客人的意见,另行安排时间进房做清洁。

（二）养成进房间前先思索的习惯

客人在房间是比较随意的,我们要尽量替客人着想,不要因为清洁工作而打扰了客人的休息,如果不注意,可能会干扰客人的私生活,造成难堪的场面,引起客人的不满。所以,要养成进房前想一想的习惯:这个时候客人在做些什么? 睡觉? 会客? 洗澡? 打电话? ……同时,还应想一想,进入房间后是否还有别的事情要做。例如,客人在房间里刚会过客,去整理房间时,就应顺手把托盘带上,把用过的杯具撤出,或考虑为客人撤出多余的座椅等。这样做,既为客人着想又减少了不必要的往返,还提高了工作效率。

（三）注意房间门上挂的牌子

凡是门把上挂着"请勿打扰"牌时,或在门锁中露出红色标志——表示已上双重锁,或在房间一侧上方墙壁上亮着"请勿打扰"指示灯时,不能敲门进房。下午2时,如果仍亮着"请勿打扰"牌,表示客人没有离开房间,服务员可打电话了解情况,并注意礼貌用语,如说:"您好,我是服务员,请问可以进房做清洁吗?"客人同意后才能进房。如果无人接电话,说明客人可能生病或有其他事情,应立即报告主管。

（四）养成进房前先敲门通报的习惯

每一位客房员工都应养成进房间前先敲门通报,待客人允许后再进入房间的良好习惯。由于客房的特殊性,因此不论何种房态的房间都应按敲门进房的步骤进行。敲门时,站在距房门约1 m的地方,用中指或食指的指关节有节奏地轻敲3下,并报称"管家部,House Keeping",待客人允许后,轻轻地把门推开,然后进入客房。如果敲门或按门铃后房内无人回答,可以打开房门,但若发现客人正在睡觉,则马上退出房间,并轻轻把门关上。如果客人在房间内,见面时必须向客人问好,并表明自己的身份及来意,征求客人的意见:是否可以清洁房间。进入房间后,还要留意卫生间的门是否关着,如果是关着的,则要敲门,证实无人后,才把卫生间的门打开。在进行清扫工作时,都必须把门打开,以免引起客人误会。

总之,无论任何时候服务员开房门都要记住先敲门或按门铃,这是服务员尊敬宾客、礼貌服务和安全服务的一种规范性行为,是服务员养成良好服务意识的基本要求之一。

模块2　敲门进房的步骤

敲门进房的步骤和做法,见表2.1。

表 2.1　敲门进房的步骤和做法

步　骤	做法
1. 观察门外情况	注意有无"请勿打扰"或双重锁标志
2. 第一次敲门	用中指或食指的指关节在门的表面轻敲 3 下
3. 门外等候	注意房内客人的反应,时间约 5 s
4. 第二次敲门	在第一次敲门客人无反应后进行
5. 第二次等候	与第一次等候时间相同
6. 开门	手不离门把,只将房门推开约 30°
7. 表明身份	报管家部
8. 进房	注意将房门全打开

【知识拓展】

中华礼仪的渊源

古人有言:"中国有礼仪之大,故称夏;有服章之美,谓之华。"古代华夏族正是以丰富的礼仪文化而受到周边其他民族的赞誉。早在孔子以前,已有夏礼、殷礼、周礼三代之礼,因革相沿,到周公时代的周礼,已比较完善。孔子是我国历史上第一位礼仪学专家,他把"礼"作为治国安邦的基础。他主张"为国以礼""克己复礼",并积极倡导人们"约之以礼",做"文质彬彬"的君子。孟子也重视"礼",并把仁、义、礼、智作为基本道德规范,他还认为"辞让之心"和"恭敬之心"是礼的发端和核心。荀子则比孟子更重视"礼",他著有《礼论》,论证了礼的起源和社会作用。他说:"礼者,人道之极也。"把礼看作做人的根本目的和最高理想,把识礼、循礼与否作为衡量人的贤愚和高低贵贱的尺度。因而他强调:"人无礼则不生,事无礼则不成,国无礼则不宁。"管仲则把礼看作人生的指导思想和维持国运的支柱。他说:"礼义廉耻,国之四维,四维不张,国乃灭亡。"从这些思想家的言论中,不难看出,礼仪是适应调节人际关系的需要而产生和发展的。

【思考与实践】

1. 为什么房间没有客人也要敲门后才能进?
2. 敲门进房怎样进行操作?

任务二 中式铺床

【学习目标】

①学会折叠床单、被套、被芯、枕头套等床上用品,认识它们在操作台上的摆放顺序。

②能将以上的内容融会贯通,在 3 min 内铺好一张标准的中式床,掌握中式铺床的整体要求与技巧。

【前置任务】

了解何为中式铺床,以小组为单位,收集酒店中式铺床的相关资料并进行讲解。

【任务准备】

各学习小组事先讨论好分工,将具体分工用文字稿向教师汇报并指定演示的学生。

【相关知识】

模块 1 酒店常见的铺床方法

酒店常见的铺床方法有以下 3 种:

第一种,站在床的一侧铺。这种方法的最大优点是无须将床移动,可以省力;也无须从床头到床尾来回绕着操作。站在床的一侧铺床不够完善的地方是,它不利于甩单动作的发挥,从而限制了铺床速度的提高。

第二种,站在床尾位置铺。铺床时先将床垫拉离床头板约 30 cm,然后按要求把西式铺床的床上用品(床单、毛毯、枕头、床罩)或中式铺床的床上用品(床单、空调被、枕头)依次铺放在床上。用这种方法铺床,同样无须从床头到床尾来回绕着操作。它有利于甩单动作的发挥,但对甩单的技巧要求高,定位难度大。这种方法最适宜在狭小的房间里操作时采用。

第三种,站在床头位置铺。铺床时要将床(连床架)拉离床头板 50 ~ 60 cm,然后按要求把西式铺床的床上用品(床单、毛毯、枕头、床罩)或中式铺床的床上用品(床单、空调被、枕头)依次铺放在床上。用这种方法铺床,站在床头居中位置,容易使床单、毛毯或空调被的中折线落在床的中心线上。这种方法能让甩单动作得到充分发挥,往往能一抛到位,大大地提高了铺床的速度。

铺床的方法虽然不同,但铺床的要求及技巧是基本一致的。凡是铺好的床,一定要整张床面美观、整齐、挺括,给人以美的感受。

模块2 中式铺床的操作方法

酒店客房中式铺床使用的布草有床单1条、空调被套1条、空调被芯1条、枕芯2个、枕套2个。

铺床要熟练、快捷和轻松自如,除必须掌握操作步骤和方法外,还要掌握操作的规范及其技巧和诀窍。具体铺床步骤和做法见表2.2。

表2.2 中式铺床的操作步骤和做法

步 骤	做 法
1.将床拉离床头板	(1)弯腰下蹲,双手将床架稍抬高,然后慢慢拉出 (2)将床拉离床头板50~60 cm (3)注意将床垫拉正对齐
2.铺床单	(1)拉单 用左手抓住床单的一头,右手将床单的另一头抛向床面后捏住床单的边缘顺势向右甩开床单 (2)打单 ①将甩开的床单抛向床尾位置 ②将床头方向的床单打开,使床单的正面朝上,中线居中 ③两手心向下,两手相距80~100 cm,抓住床单的上边 ④将床单提起,使空气进到床尾部位,并将床单鼓起 ⑤在离床面约70 cm高度时,身体稍向前倾,运用腕力和臂力将床单打下去 ⑥当空气将床单尾部推开时,趁机顺势调整,将床单往床头方向拉正,使床单准确地降落在床垫的正确位置上 (3)包角 ①包角从床头做起,先将床头下垂部分的床单掖进床垫下面 ②包右角:左手将右侧下垂的床单拉起折角,右手将右角部分床单掖入床垫下面,然后左手将折角往下垂直拉紧包成直角或信封角,同时右手把包角下垂的床单掖入床垫下面 ③包左角:方法与右角同,但左右手的动作相反 ④床尾两角与床头两角包法相同 (4)操作要做到快、巧、准

续表

步　骤	做法
3. 套被芯	(1)将空调被套叠放在床尾(头)位置 (2)将被芯全部放入空调被套里,把被口封好(如是绑带要绑成蝴蝶结),被套口应理顺整齐,不露被芯,空调被在床尾部分两侧自然垂下,空调被四角和被头饱满 (3)被头拉至床头,要与床垫齐平,被头反折45 cm,反折处与床头距离45 cm,相当于枕头放置的位置 (4)空调被放置的整体效果均匀、平整、美观
4. 套枕头	(1)将枕芯平放在床上 (2)两手撑开枕袋口,并把枕芯往里套 (3)两手抓住袋口,边提边抖动,使枕芯全部进入枕袋里,把袋口封好 (4)套好的枕头必须四角饱满、平整且枕芯不外露
5. 放枕头	(1)两个枕头放置居中 (2)下面的枕头应压住床罩10~15 cm (3)放好的枕头,距床两边均匀
6. 将床复位	(1)弯腰将做好的床缓缓推进床头板下,但要注意勿用力过猛,注意操作安全 (2)看一遍床铺得是否整齐美观,对做得不够的地方进行最后整理,务必使床面挺括、美观

【知识拓展】

西式铺床的操作步骤和做法,见表2.3。

表2.3　西式铺床的操作步骤和做法

步　骤	做法
1. 将床拉离床头板	(1)弯腰下蹲,双手将床架稍抬高,然后慢慢拉出 (2)将床拉离床头板50~60 cm (3)注意将床垫拉正对齐
2. 铺垫单(第一张床单)	(1)拉单 用左手抓住床单的一头,右手将床单的另一头抛向床面后捏住床单的边缘顺势向右甩开床单 (2)打单 ①将甩开的床单抛向床尾位置 ②将床头方向的床单打开,使床单的正面朝上,中线居中 ③两手心向下,抓住床单的上边且两手相距80~100 cm ④将床单提起,使空气进到床尾部位,并将床单鼓起 ⑤在离床面约70 cm高度时,身体稍向前倾,运用腕力和臂力将床单打下去

续表

步　骤	做法
2. 铺垫单(第一张床单)	⑥当空气将床单尾部推开时,趁机顺势调整,将床单往床头方向拉正,使床单准确地降落在床垫的正确位置上 (3)包角 ①包角从床头做起,先将床头下垂部分的床单掖进床垫下面 ②包右角:左手将右侧下垂的床单拉起折角,右手将右角部分床单掖入床垫下面,然后左手将折角往下垂直拉紧包成直角或信封角,同时右手把包角下垂的床单掖入床垫下面 ③包左角:方法与包右角同,但左右手的动作相反 ④床尾两角与床头两角包法相同 (4)操作要做到快、巧、准
3. 铺衬单(第二张床单)	铺衬单与铺垫单的方法基本相同,不同的地方是铺好的衬单无须包角,但床头部分的衬单要超出床垫 35 cm
4. 铺毛毯	(1)将毛毯甩开平铺在衬单上 (2)使毛毯上端与床垫保持 25 cm 的距离 (3)毛毯商标须朝上,并落在床尾位置
5. 披床罩	(1)将超出床垫部分的衬单(单折)翻起盖住毛毯 60 cm(或复折 30 cm) (2)从床头起,依次将衬单、毛毯一起塞进床垫和床架之间,床尾两角包成直角或信封角 (3)披边包角动作幅度不能太大,勿将床垫移位 (4)边角要紧而平,床面整齐、平坦、美观
6. 放床罩	(1)在床尾位置将折叠好的床罩放在床上,注意两角对齐 (2)将多余的床罩反折后在床头定位
7. 套枕头	(1)将枕芯平放在床上 (2)两手撑开枕袋口,并把枕芯往里套 (3)两手抓住袋口,边提边抖动,使枕芯全部进入枕袋里 (4)将超出枕芯部分的枕袋掖进枕芯里,封好袋口 (5)套好的枕头必须四角饱满、平整且枕芯不外露
8. 放枕头	(1)两个枕头放置居中 (2)下面的枕头应压住床罩 10~15 cm (3)放好的枕头,距床两边均匀
9. 打枕线	(1)把反折的床罩盖住枕头,床罩的边缘与枕头齐平 (2)把多余的床罩压在两枕头的中间,并进行加工整理 (3)起枕线

续表

步 骤	做法
10.将床复位	（1）弯腰将做好的床缓缓推进床头板下，但要注意勿用力过猛，注意操作安全 （2）检查是否整齐美观，对做得不够的地方进行最后整理，务必使床面挺括、美观

【思考与实践】

1. 中式铺床的尺寸要求。

2. 中式铺床每个细项的标准。

3. 中式铺床和西式铺床有何不同？

【效果评价】

表 2.4　中式铺床评价表

姓名_____　小组名称_____　组长_____　日期_____

项　目	要求和评分标准	满　分	扣　分		
			1床	2床	3床
仪容仪表 （5分）	头发、着装应符合要求 精神饱满，举止大方有礼貌，服从裁判	5			
铺床单 （27分）	甩单一次到位，多甩1次扣1分	5			
	床单正面向上，反单扣满分	3			
	不偏离中心线，每偏1 cm扣1分	8			
	四个角方向一致，角度相同，包角紧密	6			
	披边紧平，不露单边，不露中角	5			
套被芯 （48分）	被套被芯不能掉地，每掉一次扣2分	8			
	棉被放置整体效果均匀、平整、美观	4			
	不偏离中心线，每偏1 cm扣1分	8			
	被头反折45 cm（每多出或少1 cm扣1分）	6			
	被头拉至床头，要与床垫齐平（不足或大于1 cm扣1分）	4			
	被套口应理顺整齐，不露被芯，绑带要打蝴蝶结，每少打1个结扣2分	6			
	棉被在床尾部分两侧自然垂下	2			
	被套内与被芯四角绑打活结且结实（每少打一个结扣2.5分）	10			

续表

项　目	要求和评分标准	满　分	扣　分		
			1 床	2 床	3 床
套枕头 (20 分)	枕头外形挺括美观	3			
	枕头四角饱满,封口理顺整齐	3			
	枕头封口摆放面向床头柜	3			
	两枕头整齐重叠、紧贴床头边缘(每多出或少 1 cm 扣 0.5 分)	5			
	枕头居中,枕头两侧距离相等(每相差 1 cm 扣 0.5 分)	6			
合计扣分					
得　分					

任务三　走客房清扫

【学习目标】

①能运用房间的清扫程序,熟练清扫走客房。

②运用铺床技巧做好房间的床。

③使用清洁剂清洁卫生间。

④使用吸尘器进行房间地毯清洁。

⑤根据客人的使用情况补充房间的客用品。

⑥随时检查小酒吧,及时补充小酒吧内的物品。

【前置任务】

①请以小组为单位,在课堂上汇报走客房清扫前的准备工作具体有哪些?

②演示走客房吸尘的方法和顺序。

【任务准备】

小组事先讨论好分工,将具体的分工用文字稿向教师汇报并选择相关工具。

【相关知识】

模块1　相关标准

（一）规范

客房的清扫应按照一定的规范进行,一般的清扫规范如下:

(1)从上到下。例如,擦拭衣柜时应从衣柜上部擦起。

(2)从里到外。尤其是地毯吸尘,必须从里面吸起,再到外面。

(3)先铺后擦。房间清扫应先铺床,后擦家具物品。如果先擦灰尘后铺床,铺床时扬起的灰尘就会重新落到家具物品上。

(4)环形清理。家具物品的摆设是沿房间四壁环形布置的,因此,在清扫房间时,也应按顺时针或逆时针的方向进行环形清扫以求时效及避免遗漏。

(5)干湿分开。这里是指在擦拭家具物品时,干布和湿布的交替使用要注意区分。例如,房间的镜、灯罩,卫生间的金属电镀器具等只能用干布擦拭。

(6)先卧室后卫生间。这是酒店的规范要求,先整理房间,后清洗卫生间。但也有先清洗卫生间,后整理房间的做法。

（二）标准

房间的卫生标准一般以视觉来衡量,许多酒店以此制订出"十无"或"六净"等卫生标准。

"十无"的卫生标准如下:

(1)天花板墙角无蜘蛛网。

(2)地面干净无杂物、纸、果皮。

(3)布草净白无破烂。

(4)玻璃、镜面、灯具明亮无积尘。

(5)茶具、杯具消毒无痕迹。

(6)铜器、金属器具无锈渍。

(7)墙面、墙纸无污痕。

(8)卫生间清洁无异味。

(9)家具设备整洁无残缺。

(10)地面整洁无害虫(老鼠、苍蝇、蚊子、蟑螂、蚂蚁、臭虫)。

房间的清洁卫生标准还可用以下四句话来概括:

眼看到的地方无污迹；

手摸到的地方无灰尘；

房间优雅安静无异声；

浴室空气清新无异味。

客房的清洁卫生标准,只凭员工的视觉和嗅觉来感受是不够的。饭店应聘请专业的卫生防疫人员对客房的温度、湿度、光照度、噪声、茶水具与洁具的细菌含量以及空气的质量等定期或临时抽样,进行科学测试,以使客房的清洁卫生质量达到更高的标准要求。

模块2　走客房清扫

(一)程序

当天结账离饭店的客人的房间,因客人使用过,房内物品较乱也较脏,需要客房服务员花大力气做彻底清扫,走客房的清扫步骤可以用九个字来概括,也称九字诀:"进""撤""铺""抹""洗""补""吸""检""登"。做房的具体步骤和方法如下:

1.进

(1)按进房的程序进房。这里需要指出的是无论什么时候,无论客房的状况如何,进房必须按照操作步骤(表2.1)进行。

(2)开灯、开空调。把钥匙牌插到节能开关上并留意有无不亮的灯;将空调调到最高档,以使室内通风换气,调节温度。

(3)把小垫毯放在卫生间门口的地毯上,清洁篮(清洁盒)放在卫生间洗面台一侧。

(4)把窗帘、窗纱拉开,使房内光线充足便于清扫。必要时须打开窗户约3 min,让房间空气流通。同时,在拉开窗帘时要注意检查有无脱钩、损坏等现象。

2.撤

(1)先撤走客人用过的"五巾"(浴巾、面巾、澡巾、地巾和方巾),并用清洁剂喷洒"三缸",以便擦洗。

(2)按次序检查衣柜、多用写字台的抽屉,注意有无客人的遗留物品,发现遗留物品应在第一时间交给台班,设法尽快交给客人,并在卫生工作日志上做好记录。

(3)撤出房内用毕的餐具、餐车或加床,加床放在楼层工作间,餐具、餐车放在员工电梯口,通知"钟仔房"(客房餐饮服务部)服务员前来收取。

(4)用房间垃圾桶收垃圾,要注意有无未熄灭的烟头,必须将烟头熄灭才能倒进垃圾桶,以免引起火灾。对可回收利用的物品,如过期的报纸杂志等要回收。在收垃圾时要注意安全,防止刀片、玻璃划伤手部。

(5)撤出用过的杯子和烟灰缸。将使用过的茶杯、水杯放在工作车上,再送工作间清洗消毒,烟灰、垃圾桶则放到卫生间内待清洗。

（6）清理床铺,拆除床上用品。拆除步骤按清理床铺程序表进行,见表2.5。

表2.5 清理床铺程序表

步 骤	做法和要点
（1）卸下枕头套	①注意枕套内有无遗留物品 ②留意枕边有无污渍 ③将枕头放在扶手椅上
（2）揭下毛毯或卸下空调被套	毛毯或被芯折叠好后放在扶手椅上
（3）揭下床单	①从床垫与床架的夹缝中逐一拉出 ②注意有无夹带客人的睡衣及其他物品
（4）折叠丝棉被	①将丝棉被向内三折,横向三折,整齐地折叠好 ②将折好的丝棉被放在衣柜的上格,棉被齐口处向柜门
（5）撤走用过的床单、枕套	①注意清点数量,并把拆下的床单、枕套放到工作车的布草袋内 ②从工作车上取回相同规格、同等数量的床单、枕套,以便铺床时用

3.铺

按照客房西式铺床的程序和要求进行操作(参见本项目第二、第三个工作任务),铺好的床应结实、平衡、匀称、挺括和美观。

4.抹

（1）从门外门铃开始擦起,至门框、门板内外,并注意门把手及门后的安全图的擦拭。

（2）按顺时针方向,从上到下,从里到外,把房内的家具、设备物品及装饰画等擦拭一遍,并要注意家具底部及边角等地方均要擦净。

擦尘除迹须按环形路线进行,如不按顺序操作容易遗漏,而且影响效率。在擦尘的过程中要注意区别干、湿抹布的使用。在擦尘时,也要注意检查电视机、音响、电话、小冰箱、灯泡等电器设备是否有毛病,一经发现立即报修,并做好记录。在擦尘过程中,应默记待补充的用品和消耗品。

5.洗

洗是对卫生间的清洁冲洗。卫生间是客人最容易挑剔的地方,也是客房清扫整理难度最大的地方,必须严格按操作规程进行,使之达到规定的卫生标准要求。清洗前要打开抽风机,戴上胶皮手套。

（1）进

携带清洁篮(内有清洁剂、清洁刷、长柄毛球、玻璃刮、手套)和抹布进入卫生间,将清洁篮放在卫生间地板上。

（2）撤

戴上手套，按下马桶冲水按键，将清洁剂均匀地喷洒在面盆、淋浴间及马桶内壁。收集垃圾及使用过的毛巾。

（3）洗

先洗面盆，再洗淋浴间，用清洁刷洗淋浴间四周墙壁和玻璃，最后洗马桶，使用长柄毛球清洗马桶内壁及边缘，注意马桶出水口和去水口的清洁，用清水冲洗干净。

（4）抹

先抹淋浴间，再抹面盆，然后抹马桶，最后抹垃圾桶和地板。

（5）补

补充卫生间的毛巾及备品，卫生间的备品要按规格标准摆放好。

6. 补

补是指对客房内客用物品的补充。根据酒店规定的物品按品种数量及摆放要求，补齐、补足、放好。物品补充不能少也不能多，物品摆放要整齐、美观，如面纸、卫生卷纸要折角。摆放时要特别注意将所有物品的商标面向客人。同时，一定要方便客人的使用。

7. 吸

吸即吸尘。先把吸尘器电线理顺，插上电源，把吸尘器拿进房间才开机。

（1）先从窗口位置吸起（有阳台的房间应从阳台吸起），顺便将窗帘调整好。

（2）吸地毯要按顺纹方向推把。

（3）吸边角位时，有家具阻挡的地方，先移动家具，吸尘后复原。

（4）吸卫生间地板时，要注意转换拖把，使其适宜硬质地板的需要，地板有水的地方不能吸，以防止漏电和发生意外。吸尘时要注意把藏在地板缝隙中的头发吸走。

8. 检

检即自我检查。客房清扫完毕后，服务员要站在房门口仔细观察房内有无不妥之处。如环顾房内打扫是否干净，物品是否齐全，摆放是否符合要求，清洁物品或用具有无留下。最后，还须察看窗帘、窗纱是否拉上，空调开关是否拨到恰当位置。一旦发现问题及时纠正。

9. 登

登是客房服务员在完成房间的清扫整理后，在房务员清洁登记表上登记做房内容和时间。

（1）离房时要取走节能开关上的钥匙牌，使客房内的灯全部熄灭。

（2）将房门轻轻关上，并检查是否锁好。

（3）填写做房登记表，登记进、离房的时间和做房的内容。

（二）评价

表 2.6　客房清洗操作评估表

姓名_____　小组名称_____　组长_____　日期_____

程　序	评分细则	扣　分
仪容仪表 （10 分）	工作装整齐,仪态得体(3 分) 化淡妆(3 分) 面带微笑(4 分)	
进(10 分)	轻敲门三下,报称管家部或"House Keeping"(4 分) 打开总开关,开灯,开空调,检查电器(4 分) 拉开窗帘(1 分) 登记进房时间(1 分)	
撤(10 分)	撤掉垃圾(4 分) 撤掉水瓶、水杯、烟灰缸,和客人用过的"五巾"(6 分)	
铺(5 分)	拿新的布草进房(1 分) 一张张撤掉脏的布草(2 分) 按标准进行铺床(2 分)	
抹(10 分)	从门铃开始,按顺时针方向,擦所有家具、物品(少擦 1 件扣 1 分) 用干布擦电器(少擦 1 件扣 1 分)	
洗(25 分)	将清洁篮放在卫生间的地板上(2 分) 戴上手套,按下马桶冲水按键,把清洁剂均匀地喷洒在面盆、淋浴间及马桶内壁,撤掉垃圾(6 分) 先洗面盆,再洗淋浴间,最后洗马桶(12 分) 擦淋浴间,擦洗面盆,擦马桶,擦地板,擦垃圾桶(5 分)	
补(10 分)	按酒店统一要求补充物品(6 分) 酒店商标面向客人(4 分)	
吸(10 分)	按顺序并能有方向性地从里到外吸尘(4 分) 注意边角位置(3 分) 卫生间也要吸尘(3 分)	
检(5 分)	检查一遍整个房间(2 分) 关灯、关空调、关窗帘(2 分) 轻轻关上门(1 分)	
登(5 分)	登记离房间时间和清洁房间的内容(5 分)	
得分		

【知识拓展】

客房清扫的辅助工作

客房的日常工作主要是对房间进行清扫整理,除此以外,还需做一些房间清扫的辅助工作。例如,清洗杯具、搬运脏布草、清倒垃圾、折叠布草等,所有这些工作如果做得好,可以进一步保证客房的清扫服务质量。因此,它是一项不容忽视的辅助性清扫服务。

☆ 洗杯操作程序和要求

客房内的杯子是直接给客人使用的,把用过的杯子洗涤干净,并进行高温消毒,让客人放心,是客房服务员的基本职责。

● 洗杯前,先把杯子里的茶水、茶包等倒进垃圾桶,然后用水冲洗干净。

● 将洗洁精倒在水中搅匀,用百洁布洗刷杯子。

● 洗玻璃杯要注意防滑,以免破碎伤手。洗茶杯要特别注意杯边、杯底和杯盖,然后用水冲洗干净。

● 把洗好的杯子倒放在消毒柜的杯架上,然后放入消毒柜进行高温消毒。

● 杯子消毒后,检查杯子是否破损,若有,要及时挑出。

● 由于套杯套时不要求戴手套操作,因此,先把手洗干净,然后套上纸杯套。

● 放杯子的地方要保持干净、清洁,并关上柜门。

☆ 折叠布草的工作要求

布草的配备整齐与否,会直接影响客房卫生清扫的质量和效率,我们绝不可忽视清扫整理前的布草折叠准备工作。

折叠布草前应养成良好的卫生习惯,把手洗干净,要按各类布草的折叠方法认真折好,保证美观。在折叠过程中,要把有破损的、有污渍的挑出送回洗衣房,不能与好的布草混放在一起再度使用,以免影响饭店的档次和服务质量。

把折叠好的布草分类放进工作车,把备用的布草分类放进布草柜,并拉上柜帘,以免积尘。

布草车的装备要按客房部的统一要求,布草分门别类,整齐放好,便于取拿。

☆ 布草的处理和清倒垃圾

● 布草的处理。更换布草的方式,各饭店做法不同,一般有如下两种方式:

一是:高楼层饭店在楼层工作间设置有布草通道装置,服务员可将客人用过的脏布草从楼层的布草通道直接投送到洗衣房。这种收集布草的方式,快捷便利,但给布草的统计带来一定的困难。

二是:有些饭店要求服务员将脏布草从房间收集、清点好后送到交换台。采用交换的方式,最有利的因素是能严格控制布草使用,有利于管理。不利的因素是耗工多、效率低。

● 清倒垃圾。把垃圾装入大垃圾桶里(为保护自然环境,时下有些饭店使用大垃圾袋),从员工通道运到指定的地点清倒。清倒垃圾要及时,不要让垃圾在楼面停留过久,尤其不要将垃圾摆放在楼面通道或电梯厅等显眼的地方。每次清倒垃圾后垃圾桶要及时冲洗干净,并定期喷洒药物,以便杀灭害虫和细菌。

【思考与实践】

　　1.客房清洁的卫生标准是什么?

　　2.走客房的清洁用哪几个字可以进行概括?

　　3.走客房的清洁中,卫生间清洁程序怎样进行?

任务四　各类型房间的清扫

【学习目标】

　　①认识空房、住客房、长住房、贵宾房、DND房,以走客房清扫程序为标准,比较各类房间清扫程序的不同之处。

　　②完成对空房、住客房、长住房、贵宾房、DND房的清扫工作,体验客房的小整理。

【前置任务】

　　以小组为单位,收集各种类型房间的性质及英语简写,制作成PPT进行汇报,并由每个小组演示一种性质的客房。

【任务准备】

　　小组事先讨论好分工,将具体的分工制作成PPT向教师汇报。

【相关知识】

　　不同性质的客房与走客房的房间清扫程序基本相同,但由于某些客房有客人仍然使用,因此在清扫时有些地方要引起我们的特别注意。

模块1　住客房的清扫

(一)客人在房间里

　　(1)应礼貌地问好,询问客人是否可以清扫房间。

　　(2)操作要轻,程序要熟练,不能与客人长谈。

（3）若遇到来访客人，应询问是否继续进行清扫工作，客人允许，要尽快清扫。

（4）清扫完毕，向客人致歉，并询问是否有其他吩咐，然后向客人行礼，退出房间，轻轻地关上房门。

（二）客人中途回房

在清扫工作中，遇到客人回房时，要主动向客人打招呼问好，征求客人意见，比如说："先生，您好，请问可以打扫房间吗？"如未获允许应立即离开，待客人外出后再继续进行清扫。若客人同意，应迅速把房间清扫好，离开时应礼貌地对客人说："对不起，打扰您了，谢谢。"退出房间时要轻轻关上房门。

（三）房间电话

房间电话是客人主要的通信工具，对客人非常重要，或许会关系到客人某方面的得失。为了尊重客人对房间的使用权和避免麻烦，在清扫过程中，若电话铃响了也不应该接听。

（四）损坏客人的物品

进行住房清扫卫生工作时应小心谨慎，客人的物品尽量不要移动，必要时应轻拿轻放，清扫完毕要放回原位。若不小心损坏了客人的物品，应如实向主管反映，并主动向客人赔礼道歉；如属贵重物品，应有主管陪同前往，并征求客人的意见，若客人要求赔偿时，应根据具体情况，由客房部出面给予赔偿。

模块 2　长住房的清扫

长住客人因较长时间在酒店居住，在日常生活中一般会提出一些要求，应予以照顾。同时，在清扫整理客房时，要注意下列要求：

（1）注意客人物品的摆放习惯，并小心操作，不能打翻客人的化妆品等。如果客人经常很晚睡觉，则不安排早上清扫。

（2）勤检查家具设备是否完好无损，若发现有损坏的家具物品要及时处理。

（3）在清扫整理客房时，将客人的文件、书报等稍加整理便可。但不要移动位置，更不准翻看，翻动客人物品往往会引起客人的误会。

（4）不得触及客人的金钱和贵重物品。

（5）除放在垃圾桶里的东西外，其他物品不能丢掉。同时，要留意垃圾桶内有无客人误投、误放的有用物品，以防将客人的有用物品收走。

模块3　空房的清扫

空房是客人离开饭店后已经清扫但尚未出租的房间。一般不用吸尘,只需擦拭家具,检查各类用品是否齐全即可。具体做法如下:

(1)用一湿一干的抹布把房间里的家具物品擦拭一遍。

(2)热水瓶的水每日应更换,使用电热水壶的客房则不需换(目前,酒店客房为客人提供饮水,较普遍地采用在客房内配置电水壶的方式,便于节能、经济和卫生)。

(3)检查卫生间内的"五巾"的弹性和柔软度,若不符合要求,须在客人入住前换好。

(4)如果房间连续几天空房,则要使用吸尘器吸尘,卫生间内的浴缸、洗面盆和马桶的水要放流一两分钟,以确保自来水清澈。

(5)调节温度,使房间保持适当的温度。一般对暂无人住的客房应将空调调控器调至低温挡。

(6)每天进房开窗、开空调,通风换气。

模块4　房间小整理

房间小整理是对住客房而言的,住客房除了每天一次的全面清扫整理以外,在高档饭店里还有对VIP客人和散客住房进行小整理的做法。即住客每次外出后,客房服务员都要对其住房进行简单整理。这样做的目的是使住客房经常处于整齐洁净的状态,让客人每次外出归来都有一个良好印象。这种做法的重要意义在于充分体现饭店的优质服务。

通常,房间小整理主要包括下列内容:

(1)客人睡过的床铺要按规范重新铺好,但不必更换床单、枕套。

(2)将房内的垃圾杂物及烟灰清除干净。

(3)将客人用过的茶杯、水杯撤出,换上干净的。

(4)将移动过的家具物品位置复原,并注意关好衣柜门和拉上窗帘。

(5)清点迷你吧的酒水、食品,将耗用的情况报告台班。

(6)如果卫生间被用过,则进行简单的清洁整理,使之干净整洁。

(7)VIP客人使用过的香皂,应予以更换。

(8)检查房内冷、热水瓶的冷水和开水是否需要补充;房内的一些消耗品,如茶叶等,是否被客人用完或者现存较少,可能不够使用,应予以添补。

(9)调节空调,使客房保持理想的温湿度。

模块5　客房清扫的规定和报告事项

（一）清扫客房的有关规定

（1）在客房内作业时,必须将房门开着。

（2）不得使用或接听住客房内的电话。

（3）不得翻阅客人的书报杂志和文件,更不能翻动住客的抽屉和行李。

（4）不得随便挪动客人的化妆品,触动客人的贵重物品。

（5）不得使用房内设备,如卫生间、床、椅子、电视机等,不得在客房内休息。

（6）不能让闲杂人员进入客房。

（7）不许在客房内更衣、吸烟、吃东西、看报刊及用客人的食品、饮料。

（8）不得将客用布件当做抹布使用。

（9）不宜与客人长谈。

（10）要如实填写房务员清洁记录表。

（二）发现下列问题需立即报告

（1）客人损坏设施、设备和用具等物品。

（2）发现客人的遗留物品。

（3）客人生病。

（4）水电设备发生故障。

（5）房间内有动物。

（6）房间内发现有害虫和鼠类。

（7）客人携带违禁物品。

（8）客人开了房但未使用过。

（9）空客房有人住过。

（10）损坏了客人的物品。

（11）住客人数、性别等和入住记录不符。

（12）"请勿打扰"房超过下午2点。

（13）房内有异常情况。

（14）客人对服务、设施等方面的投诉。

【知识拓展】
查房的内容和要求

☆ 检查房间

● 房门。无灰尘、无痕迹,房号牌完好,磁卡门锁插口、门把手清洁完好。火警示意图、请勿打扰牌、请先打扫牌完备无损,门后磁吸好用。

●壁柜。衣架品种、数量正确且干净,棉被折叠整齐,柜门开关自如,衣架杆无积尘,柜内自动开关灯正常,洗衣单、洗衣袋足够,电子密码保险箱正常好用。

●酒吧柜。酒柜上酒的种类齐全、摆放美观,酒具、杯具摆放整齐、清洁,冰箱内各类饮料、食品齐全(饮料的品名要一律向外),冰箱内外清洁卫生,茶水柜里电热水壶(迷你水壶)光亮洁净好用,茶叶包、咖啡包齐全,账单齐备。

●天花板、墙壁。天花板无裂缝、漏水、霉点,墙纸无污渍、痕迹和积尘且不翘起,地脚线清洁完好,墙壁挂画端正、画框无尘。

●组合柜。行李架内外无积尘,办公台抽屉活动自如、内部无积尘,购物袋、针线包放置整齐足够,台灯、壁灯无积尘,开关正常,梳妆镜明亮洁净、镜框无尘,文具夹内物品齐全,烟灰缸干净,火柴无使用过,电视机及遥控器接收正常、清洁无尘、频道已调到设定位置上,电视机下面无积尘。

●咖啡台。平稳、清洁、无尘、台脚干净,烟具配备齐全。

●圈椅(扶手椅或沙发)。靠背、软坐垫无破损,坐垫下无杂物和积尘,椅边、椅脚无脏迹。

●落地灯。开灯正常,灯泡、灯罩洁净无积尘,灯罩接缝处放在后部。

●窗帘。悬挂美观,干净完好无破损,位置正确,操作自如,挂钩无脱落。

●玻璃窗门。开启活动正常,玻璃光洁明亮,窗台与窗框、门框洁净完好。

●床头柜。柜内外洁净无尘,各功能键正常,柜内一次性拖鞋摆放整齐美观,擦鞋纸店徽向上。

●电话。话机、话线无尘无迹,摆放位置正确,功能正常,话机下面无积尘。

●床头灯。与落地灯要求一致。

●床。床铺平整、美观、挺括,床头板洁净无尘、床下无杂物和积尘。

●空调调节器。拨至规定温度 23～25 ℃,OK 房应置于 LOW 位置。

●空调风口。无声响、无藏尘。

●地毯。无斑迹、无烟痕、洁净无破损,边角柜底不藏杂物积尘。

●垃圾桶。桶外干净清洁、桶内无垃圾。

☆ 检查卫生间

●浴室门。门锁转动灵活,门板、门框干净无积尘,门后挂衣钩不松脱,OK 状态房房门应置于 30°位置。

●墙面。清洁完好,电话机干净、挂放正确。

●天花板。无移位、松脱,抽风机清洁、运转正常、无噪声。

●镜子。镜面完好、明亮无污迹,镜子四边无积尘。

●洗脸台。面盆无水迹、皂迹,盆内水塞干净无毛发,台面清洁净亮、无划痕,水龙头光洁明亮,灯具完好。

●浴缸。内外干净清洁,浴缸配套金属器件光洁净亮,淋浴器、水龙头无滴漏,浴帘干净无霉斑,晾衣绳使用自如。

●抽水马桶。去水系统正常、冲水流畅,盖板、坐板干净,马桶内、外壁洁净无污迹,水箱按钮操作正常,水箱清洁,箱面放有女宾袋。

●卫生用品。"五巾"、牙刷、牙膏、漱口杯、浴帽、洗浴液、洗发液、面巾纸、卫生纸等齐全,摆放正确。

●地板。擦拭干净,无水迹、脏迹,缝隙不藏毛发,地漏干净无杂物。

●气味。空气流通无异味。

【思考与实践】

1. 比较走客房清扫和住客房清扫的区别。

2. 长住房清扫有什么要求?

3. 怎样进行空房清扫?

4. 客房清扫时有什么规定?

任务五　夜床服务及小整服务

【学习目标】

按标准为客人提供夜床服务。

【前置任务】

以小组为单位,通过各种手段收集现阶段酒店客房不同的夜床服务,介绍夜床服务的不同环节。

【任务准备】

学生组成4~5人为一个学习小组,将夜床服务各个环节以小品的形式进行展示汇报。

【相关知识】

我国1997年10月发布了《旅游涉外饭店星级的划分及评定》,要求三星级的饭店客房须提供开夜床服务,放置晚安卡,而且四、五星级的客房还要摆放鲜花或赠品。因此,有一定档次的饭店都必须对住客房进行晚间寝前整理,即做夜床。

为住店客人做夜床,一方面是为了体现饭店客房服务的等级标准,另一方面是为了方便客人,使客人享受舒适、宁静、高雅的休息、睡眠环境和情调。

做夜床包括三项工作内容:房间的整理,开夜床,卫生间的整理。夜床服务最佳时间是

18:00—24:00,在这段时间里客人大多外出或用餐而不在房间内。选择客人外出时做夜床,既可避免打扰客人,又可方便服务员的工作。

(一)进房

(1)敲门,报称"管家部,House Keeping",同时应按门铃数次,确保客人听到。

(2)见到客人应先问好,再征询意见,如说:"晚上好,请问我可以进来整理房间吗?(Good evening , may I come in and clean your room ?)"如果客人不需要,要在报表上记录。对挂有请勿打扰牌的房间,不要打扰客人,可从门下塞进一张"夜床服务卡",待客人提出要求时再马上替客人整理。

(3)将房内没亮着的灯打开,有足够的光线操作,并将纱窗帘和遮光帘拉拢。

(二)整理

(1)拿报纸和热水瓶进房,报纸整齐摆放于问卷夹旁边,把热水瓶和用过的茶杯、水杯撤出,并给予补充。但是,如果杯中有客人新泡的茶或盛有饮料、酒等则不要撤走和更换。

(2)用抹布将房间柜面的污渍、水渍抹干净,将家具、物品摆放整齐(尽量放回原位),绝不可触摸客人的物品,倒垃圾也要看清楚是否有贵重物品或较有价值的物品,若发现应征询当班主管意见。

(三)夜床

根据住客人数开床,标准房住一人时,一般情况下开靠卫生间的 A 床。大床房睡两人时左右两边开,也可以同方向开。有的客人行李物品较多,会提出不做夜床,如果客人不需要做夜床,需在做夜床报告表上记录。

(1)将床单、棉被一起向后折成一个三角形,呈30°(或45°)角,像"雪糕筒"形状,并将床边整齐掖好。开床时要注意床铺平整美观,枕头摆放整齐,发现床单有污点或破损时要及时更换。

(2)将拖鞋放在规定的地方,通常放在床前或沙发座椅前。

(3)将晚安卡放在床头,并斜放一早餐牌在枕头上方。如果饭店馈赠的礼品有水果、鲜花、巧克力等,则应以果盘、小花篮分别盛放,摆在床头柜或咖啡台上。

(4)开音响,打开背景音乐,但音量不能太高,同时将床头柜里控制电视的开关打开。

(四)卫生间的整理

(1)将客人使用过的"二缸"和淋浴间用布擦干净,遇到较脏的应重新擦洗。

(2)将客人使用过的"五巾"、杯具更换,VIP 宾客用过的香皂要更换,补充物品,并按规格摆放整齐。

(3)清倒垃圾,擦干地板,放好地巾。

（4）关灯，将卫生间门半掩。

最后，除夜灯、廊灯外，其余灯应全部关上。如是套房，客厅灯应开着，其卧室与标准房要求相同。

退出房间前，还应自我检查一遍，确认无不妥之处，将房门关上并锁好，若客人在房内，离开时，应向客人表示谢意，并祝客人晚安，然后退出房门，将门轻轻关上。

（五）小整服务

小整服务一般是为 VIP 客人提供的，主要整理客人午睡后的床铺，必要时补充茶叶、热水等用品，使房间恢复原状。

具体做法：拉开窗帘，整理客人的床铺；清理桌面、烟缸、垃圾桶和地面的垃圾杂物，注意有无未熄灭的烟头；简单清洗整理卫生间，更换客人用过的浴巾、杯具等；补充房间茶叶、热水和其他用品。

【知识拓展】

查房的作用

对客房卫生进行检查的主要人员是领班或主管，他们对客房实行普查。领班是客房服务员自查之后的第一关，常常也是最后一道关。经他检查认为合格的客房就可以报总台出租，所以领班的责任重大，须由经验丰富的员工充任。领班查房的主要作用有如下三方面：

☆ 拾遗补漏。客房服务员对房间的清扫整理，难免有疏漏之处，领班检查发现后可以给予纠正或令其返工。

☆ 帮助指导。对于业务尚不熟悉和操作水平较低的新员工来说，领班的检查发现是一种帮助和指导。同时，领班的检查有利于对服务员的工作情况进行了解和督促，也可以保证客房的卫生标准。

☆ 控制调节。领班的检查可以把了解到的卫生质量状况及时反馈到上层管理人员，以利改进。另外，饭店通过领班查房可以实现管理者的意图和实现多方位的控制与调节，有效地控制客房卫生质量。

【思考与实践】

1. 进房有什么要求？
2. 怎样进行夜床服务？

任务六　地毯的清洁保养

【学习目标】

①使用吸尘器对地毯进行清洁。

②按标准程序对地毯进行去污处理。

【前置任务】

①以小组为单位，上网查找清洗地毯工具的图片。

②以小组为单位，收集不同种类的地毯的图片，制作成 PPT。用小品形式介绍地毯清洁的方法。

【任务准备】

小组事前讨论好分工，将具体的内容制作成 PPT 向教师汇报。地毯清洁的小品内容提前两天交给老师。

【相关知识】

地毯因其美观、安全、舒适、清洁、吸声、保温等特点，除了在客房内满铺地毯外，还被广泛用于餐厅、会议室等场所，地毯也因其纤维、构造等方面的不同，在价格、使用区域、美观实用性、耐久性等方面有较大差异。

根据纺织纤维材料的不同，酒店常用的地毯主要有三类，即化纤地毯、天然纤维地毯（饭店常用羊毛地毯）和混纺地毯。

星级酒店除了一些易积水的公共区域外，一般不铺设低档化纤地毯。原则上要求星级酒店应选用羊毛纤维比例较高的混纺地毯。

地毯的更新周期一般为 5～7 年，但这并不意味着可以忽视对地毯的保养。若保养不善，不到一两年便面目全非；若保养得好，5 年后仍美观柔软如新，因此在酒店管理中绝不能对地毯的保养掉以轻心。

模块 1　地毯吸尘

（一）作用

彻底吸尘是保养地毯最重要的工作，吸尘不但可除去地毯表面积聚的尘埃，还可吸除深藏在地毯底部的沙砾,避免它们在人来人往时由于摩擦而让地毯纤维根部割断纤维,而且经常吸尘可以减少洗地毯的次数,恢复地毯的弹性和柔软度,延长其使用寿命。

（二）操作

（1）地毯吸尘一般在客房区域要求每日一次;客人活动频繁的区域（如大厅、餐厅、商场等）每日不得少于3次,平时吸尘可用普通吸尘器,但应定期使用直立式吸尘器彻底吸除地毯根部的杂质、沙砾等。

（2）吸尘前先清除区域内大的垃圾和尖利物品。

（3）吸尘时客房或公共区域的角落、墙边等处的吸尘应选用合适的吸尘器配件。

（4）吸尘时应采用由里向外的方法进行,并按一定的顺序,以免遗漏。

（5）吸尘时应采用推拉式,推时应逆毛,拉时应顺毛,保证吸过的地毯纤维倒向一致,踩过后地毯不会出现阴阳面。

模块2　地毯除渍

在日常工作中,发现地毯出现污渍,应立即加以清除,不同的污渍应用不同的方法加以清除,否则渗透扩散后会留下永远无法清除的脏迹。下面简单介绍几种酒店常见地毯污渍的处理方法及注意事项。

（一）处理方法

1. 黄油

将落在地毯上的黄油全部彻底刮掉,用海绵蘸上干洗剂擦拭,然后吸干。如清除不彻底,可重复进行,直到彻底去除为止。

2. 奶油

先把地毯上的奶油用抹布、纸巾等彻底吸干,再用海绵蘸上清洁剂溶液擦拭,将溶液吸干,最后再用海绵蘸上温水擦拭,吸干水分即可。

3. 咖啡、可乐、果汁、茶水

先将地毯上的咖啡、可乐、果汁、茶水用纸巾或抹布吸干,然后用海绵蘸上清洁剂溶液擦拭,再用纸巾或抹布吸干溶液,最后用海绵蘸清水擦拭,吸干水分即可。如果污渍是以前沾上的,可用带微量漂白剂的专用溶液除去,吸干溶液后再用海绵蘸上清水擦拭并吸干水分即可。如果是茶渍,最后还应用海绵蘸上专用弱酸性溶液擦拭并把溶液吸干。

4. 呕吐物

发现地毯上有呕吐物时,应先立即刮去并吸干脏物,然后用海绵蘸上清洁剂溶液擦拭,再用纸巾或抹布吸干溶液,最后用海绵蘸上清水擦拭,吸干水分即可。

5. 口香糖

先用小刀小心地把口香糖彻底刮去（如口香糖已结成发硬块状时,最好先用冰块冷冻一下,使其发脆,再用刀刮去),再用海绵蘸上地毯干洗剂擦拭,最后用抹布吸干。如口香糖较多时,可用同样的方法反复进行,或使用专用的香口胶喷剂去除。

6.唇膏

先用小刀把地毯上的唇膏残迹轻轻刮去,再用海绵蘸上醋酸或清洁剂溶液擦拭,最后用抹布吸干溶液。如果使用清洁剂,则还需再用海绵蘸上清水擦拭,吸干水分即可。

7.指甲油

如发现客人不小心把指甲油溅到地毯上,应先用小刀轻轻刮干净,再用海绵蘸上醋酸或指甲油去除剂擦拭,用抹布吸干,最后用海绵蘸上干洗剂擦拭,用抹布吸干。如指甲油较多时,可重复以上的清洁方法。

8.血迹

地毯上的血迹可先用纸巾吸干,再用海绵蘸上冷水擦拭,将水分吸干再用海绵蘸上清洁剂溶液擦拭,用抹布吸干溶液,最后用海绵蘸上清水擦拭,吸干水分即可。

9.烧焦痕迹

被燃烧的烟火毁伤的地毯,可先小心将地毯中簇绒烧焦的一端剪去加以掩饰,然后用海绵蘸上清洁剂进行擦拭,对毯绒很短的地毯,有时可采用砂纸擦拭,消除烧焦处的痕迹。

（二）注意事项

①工具、设备齐全。
②清洁剂配置合理。
③水温不宜过高。
④边角部位要用手工处理。
⑤必须等待地毯完全干后才能再次使用。
⑥安全操作设备。

【知识拓展】

客房计划卫生

客房计划卫生是指一种管理制度,即在搞好客房日常清洁工作的基础上,对房内一些平时不需要每天清洁但需要定期进行清洁保养的家具设备,如房门和家具打蜡、墙纸清洁、电话消毒、天花板除尘、空调出风口的清洁等,拟订一个周期性清洁计划,并采取定期循环的方式,做好彻底的清洁保养工作。

客房的设备设施项目较多,日常的清洁卫生不可能对每项设施都进行彻底的清洁和保养。客房部必须对各项设施设备的清洁制订日常清扫计划和清洁保养计划。确定后的日常清扫项目必须每天完成,否则就难以保证客房的清扫服务质量。然而,计划卫生项目是有计划的定期完成,属于周期性的清洁保养工作。因此,计划卫生的内容与质量要求,应根据客房设备情况合理、科学地作出安排。

通常,客房计划卫生有下列一些内容:

● 空调出风口除尘。

- 家具背后除尘。
- 抽风机机罩和风叶除尘、除渍。
- 抽水马桶及水箱除渍、除垢。
- 冰箱除霜。
- 下水口及管道喷药、除迹。
- 清洁墙纸。
- 清洁走廊墙身,除蜘蛛网。
- 抹走廊地脚线和房间地脚线。
- 电话机消毒。
- 擦铜锈。
- 卫生间天花板除尘。
- 卫生间灯光箱抹尘。
- 床底除尘。
- 翻床垫。
- 清洗地毯、沙发、软座椅、床头板。
- 清抹木器家具。
- 洗浴帘。
- 镜框、画框除锈上油。
- 家具及大理石台面打蜡。
- 洗擦外窗玻璃。
- 工作间大清洁。
- 洗空调网。
- 清洁露台、楼梯。
- 抹电梯厅天花板。
- 清洁消防器材。

上述计划卫生的项目,由于脏的程度不同,且脏的速度也有快慢之分,因此,计划卫生的周期可以是多种类型。例如,5 天 1 个周期、10 天 1 个周期、15 天 1 个周期、1 个月 1 个周期、3 个月 1 个周期、半年 1 个周期等。

【思考与实践】

1. 地毯吸尘怎样操作?
2. 地毯上各种污垢怎样清理?

任务七　客房消毒及虫害控制

【学习目标】

掌握客房消毒的方法,明确客房消毒的要求;掌握虫害防治的基本方法。

【前置任务】

以小组为单位收集酒店虫害照片,了解防治方法及客房消毒方法,制作成PPT。

【任务准备】

各小组事前讨论好分工,用PPT向教师汇报。

【相关知识】

模块1　客房消毒

(一)客房消毒的要求

1.卧室

定期进行预防性消毒,包括每天通风换气、日光照射以及每周进行一次紫外线或者其他消毒剂灭菌和灭虫害,以保持卧室卫生,预防传染病传播。

2.卫生间

设备用具易被污染,卫生间必须天天彻底清扫,定期消毒,保持整洁:

(1)每天进行严格消毒;

(2)每周对地面喷洒杀虫剂,特别是地漏处。

3.杯具、酒具

客房杯具、酒具必须统一撤换,严格消毒。

4.客房工作人员

严格实行上下班换工作服。在做清洁卫生时,戴好手套。每天上下班用肥皂清洁双手并消毒。定期检查身体,防止疾病传染。

(二)常用的消毒方法

消毒方法有很多,大致可分为以下三类:

1.通风与日照

通风可以改善空气质量,防止细菌与螨虫滋生。同时,室外日光消毒与室内采光,可利用紫外线杀死病菌。例如,翻晒床垫、床罩、被褥。

2.物理消毒

物理消毒有高温消毒法和干热消毒法。其中高温消毒法分为煮沸消毒法和蒸汽消毒法;干热消毒法分为干烤消毒法和紫外线消毒法。

3.化学消毒

(1)浸泡消毒法。一般适用杯具的消毒,必须调制好比例。一般使用氯亚明、漂白粉、高锰酸钾、84 消毒液、TC-101 等浸泡消毒。

(2)擦拭消毒法。用化学消毒溶剂擦拭客房设备、家具。

(3)喷洒消毒法。为避免对人体损害,可用喷洒法。禁止同时使用漂白粉和酸性清洁剂,以免发生氯气中毒。

模块 2　虫害控制

(一)虫害的诱因和类别

1.虫害的诱因

(1)通风不佳、潮湿、垃圾堆积、新鲜食物控制不当的环境,容易滋生虫害和使虫害蔓延。

(2)外界因素造成的虫害。如建筑地基的隐患、公共设施修整以及进出车辆物品等,可能造成虫害。

2.虫害的类别

(1)昆虫类。包括蠹虫、臭虫、虱子、跳蚤、苍蝇、蟑螂、蚊子等。

(2)啮齿类。包括家鼠等。

(3)菌类。包括霉菌等腐生菌。

(二)虫害防治的基本方法

(1)控制虫害起因。

(2)及时发现和治疗虫害。

(3)聘请专家或专业公司。

(三)虫害防治的总体要求

(1)沿着紧靠建筑物外墙的整个周围,提供 0.5 m(18 in①)宽的无植被区。这一区域

---

① 1 in=2.54 cm。

应是碎石、石头、混凝土或碎石路。

（2）周边地区不得有杂草或茅草，草坪应定期修剪。

（3）妥善保管食物，及时清理食物残渣，不断提高清洁卫生水平。

（4）所有垃圾必须入袋、入箱妥善处理，日产日清；垃圾房每日用水冲洗。

（5）下水道畅通、井盖完整密闭；地面平整无积水；及时清除树洞、竹筒、花盆等处的积水；景观水内应养殖观赏鱼或野生小鱼；消防储水应密封。

（6）不使用的设备、木材、管道等，不应不加保护地存放在户外。

（四）常见虫害的防治方法

1. 蟑螂综合防治要点

确定药物杀灭方法（滞留喷洒、粉剂、毒饵、热烟雾等），清除蟑螂栖息繁殖场所（堵洞填缝的部位）、清除卵鞘（因为药物不能杀死卵鞘，只有仔细检查予以清除）等措施。防止食品污染，用药时要特别注意，以免污染食物。

2. 老鼠综合防治要点

采用目测法、盗食法、粘捕法或粉迹法确定其密度、分布和种群构成。环境条件调查应实地查找包括屋顶、墙、下水道、管井、室外绿化带及垃圾站等宜于鼠类栖息活动的场所，特别是鼠类进入室内的通道。

3. 蚊蝇综合防治要点

清除蚊蝇孳生地及引诱物（有蚊幼的积水、垃圾、卫生死角等），增加结构防御（如风幕机、纱窗、纱门）、防虫设施（室内外灭蚊灯、电击式和粘捕式灭蝇灯、诱蝇笼）等措施。

4. 螨虫综合防治要点

改善通风的空调效果，喷洒杀虫剂，勤洗毛毯和地毯。

5. 菌害综合防治要点

大多数菌害发生是由酒店设计施工错误或者维修保养差而造成的。除湿是一种有效预防方法，有以下情况可能是由菌害引起的：

（1）墙纸脱壳、变色、渗水，墙面涂料脱落褪色。

（2）物体有萎缩或膨胀现象。

（3）房间有强烈刺鼻气味。

（4）墙面等有盐花渗出。

【知识拓展】

宾馆酒店消毒方案

为指导酒店预防性消毒工作，防止进一步传播，最大限度地减少对人员造成的危害，特制订本方案。消毒防控工作主要对地面、墙壁、公共用品用具等进行预防性消毒，公共用品用具严格执行一客一换一消毒。

☆ 地面、墙壁消毒

有肉眼可见污染物时，应先清除污染物再进行消毒。无肉眼可见污染物时，可用500 mg/L的含氯消毒液或250 mg/L的二氧化氯消毒剂擦拭或喷洒消毒。地面消毒先由外向内喷洒一次,喷药量宜为 100 ~ 200 mL/m²,消毒作用时间应不少于 30 min。

　　☆ 桌面、门把手、水龙头等物体表面消毒

　　配制浓度为 500 mg/L 含氯消毒液(配制方法举例:某含氯消毒液,有效氯含量为 5% ,配制时取 1 份消毒液,加入 99 份水)。作用 30 min,然后用清水擦拭干净。

　　☆ 餐(饮)具消毒

　　煮沸或流通蒸汽消毒 15 ~ 30 min;也可用有效氯为 500 mg/L 的含氯消毒液(例如某含氯消毒液,有效氯含量为 5% 配制时取 1 份消毒液,加入 99 份水)浸泡,作用 30 min 后再用清水洗净。

　　☆ 毛巾、浴巾、床单、被罩等织物消毒

　　配制浓度为 250 mg/L 的含氯消毒剂溶液(配制方法举例,某含氯消毒液,有效氯含量为 5% ,配制时取 1 份消毒液,加入 199 份水)。浸泡 15 ~ 30 min,然后清洗;也可用流通蒸汽或煮沸消毒 15 min。

　　☆ 卫生间消毒

　　客房内卫生间每日消毒 1 次,客人退房后应及时进行清洁和消毒,公共卫生间应增加巡查频次,视情况增加消毒次数。

　　卫生间便池及周边可用 200 mg/L 的含氯消毒剂擦拭消毒,作用 30 min。卫生间内的表面以消毒手经常接触的表面为主,如门把手、水龙头等,可用有效氯为 500 ~ 1 000 mg/L 的含氯消毒剂或其他可用于表面消毒的消毒剂,擦拭消毒,作用 30 min 后用清水擦拭干净。

　　☆ 拖布和抹布等清洁工具消毒

　　清洁工具应专区专用、专物专用,避免交叉污染。使用后以有效氯含量为 1 000 g/L 的含氯消毒剂进行浸泡消毒,作用 30 min 后用清水冲洗干净,晾干存放。

　　☆ 消毒注意事项

　　84 消毒液不可与酸性清洁剂混合使用。如洁厕剂,其主要成分为盐酸,与 84 消毒液混合后会发生化学反应,生成氯气。氯气是一种刺激并损坏呼吸道的气体,大量吸入会使人咳嗽、呼吸困难,甚至头晕。当浓度达到 3 000 mg/m³ 时能致人死亡。这两种药剂混合产生的氯气足以危及生命。

【思考与实践】

　　1. 客房常用的消毒方法有哪些?

　　2. 酒店常见的虫害可分成几类? 虫害防治的基本方法是什么?

项目三　对客服务

学习目标

　　①认识客房服务的对客模式，以做好楼层服务台的各项工作；

　　②能根据客人的实际情况，为客人提供入住接待服务、引客入房服务；

　　③能按客人要求会客服务；

　　④能根据会议服务清单，安排会场、席位，在会议举办期间为与会者提供现场服务；

　　⑤能按酒店服务标准为客人提供个性化服务；

　　⑥能做好客人离店前的准备工作，仔细做好善后工作；

　　⑦能运用酒店服务标准和特殊情况处理标准，处理好楼层的安全事故。

客房服务是酒店对客服务的重要组成部分。客人住进酒店后,绝大部分的服务工作是在楼面完成的。客房服务不仅要保持房间整齐、清洁、舒适,而且要使客人住进酒店后,感觉愉快、亲切、安全。

客房服务工作主要是围绕客人迁入、居住、迁出3个环节进行的。客房服务员必须以主动、热情、耐心和周到的服务,使客人来得高兴,住得满意,走得愉快。

任务一　认识对客服务模式

【学习目标】

①认识楼层服务台的对客服务模式,以做好楼层服务台的各项工作。

②认识客房服务中心的对客服务模式,以做好各类工作表格和资料的准备工作。

③能根据酒店经营情况,安排楼层岗位。

④能处理好酒店内部信息沟通问题,能熟练运用计算机知识处理各类文书。

⑤能按规程处理好客人的投诉。

【前置任务】

①以小组为单位,通过各种手段收集现阶段酒店客房对客服务的模式,并进行分类,总结各模式适用的酒店类型及特点,用文字稿进行汇报。

②应如何处理好楼层客人的投诉工作?请小组以小品的形式进行汇报。

【任务准备】

小组事前讨论好分工,将具体的分工用文字稿向教师汇报。处理投诉的小品内容提前两天交给教师。

【相关知识】

目前,国内酒店客房服务的形式主要有3种:一是在楼层设立服务台;二是设立客房服务中心;三是既设客房服务中心又设楼层服务台。虽然客房服务形式多样,但是无论以何种形式为客人提供服务,客房服务必须是有效率的、富有人情味的和能体现中国特色的。

模块 1　楼层服务台

楼层服务台一般设置在靠近楼梯口的位置。它是楼层与客房部办公室、前台部、工程维修部、餐饮部、洗衣房等部门联系的信息中心。负责对住店客人的迎送、店外来访、房态客情、服务输送、客房代办等日常服务工作。同时,它又发挥着前台部总台驻楼面办事处的职能。

(一)特点

1. 了解、掌握准确的房态和客情

不准确的房态和客情会造成服务接待工作的失误,如客人有可能被安排住进已出租的客房或者安排住进未清扫的客房等,既影响客人对住房的需要又影响酒店声誉。楼层服务台能准确掌握客人迁入、迁出的动态,了解来访接待及客房现时状态等情况,确保接待服务的正常运转。

2. 向客人提供亲切、快捷、准确的服务

客人入住客房后,服务员可以随时向其提供各种服务,对客人所需的物品,服务员能以最快的速度送到并使之满意。例如,客人需要开水,这一最常见的事,服务员不能只是一句"请稍候"就了事,而应马上停止手中要做的事,立即为客人送上,让客人体会到你的亲切与热诚。

3. 保证楼层信息的通畅

楼层工作繁忙,各种信息来往频繁,如询问、维修、入住、退房、换房、上级指令等都要与楼层服务台联系。服务台为各部门提供住客信息及房态信息,既提高了他们对客服务的工作效率,又能让客人感到服务台随时为他们服务。

(二)作用

1. 令客人有"安全感"

客人因旅游、探亲或经商等千里迢迢而来,在酒店居留,都希望平平安安。确保客人的人身及财产安全是酒店的职责,楼层服务台的设立有利于楼层的安全管理,保证了楼层的安静,给客人一个舒适、优雅的"家"。但是,服务员必须有高度的工作责任心,勤巡视、勤检查,提高警惕,防止一切意外事情发生。

2. 管理点分散,管理幅度大,服务质量难以控制,并且劳动力成本较高

由于楼层服务台每天24小时值班,仅值台一个岗就占用了大量的人力,因此给酒店带来较高的劳动力成本,在劳动力成本日益昂贵的今天,这成了许多酒店淘汰这种服务形式的主要原因。另外,这种服务形式易使部分客人特别是西方客人产生被"监视"之感。

模块2 客房服务中心

(一)特点

(1)可以减少劳动力,降低成本的开支,这在劳动力成本日渐增高的今天尤显重要。

（2）有利于对客服务工作的统一控制和调度，大大加强了统一指挥，并且能强化时效观念，提高工作效率。

（3）给客人营造一个自由、宽松的住宿环境，同时使客房楼面保持安静。

（二）设立的条件

（1）要求酒店有较高的安全保障。

（2）酒店房内设施要完备，使客人的日常起居更方便。

（3）酒店要有现代化的先进管理设备，才能使客房服务中心有效地发挥作用。

（三）职能

（1）信息处理。凡有关客房部的信息（包括工作信息、服务信息、宾客信息等）几乎都要经过客房服务中心的初步处理，以保证有关问题能及时得到解决或传递。

（2）对客服务。客房服务中心，顾名思义，其最主要的职能就是对客服务，配备人力、物力满足客人的各种合理需求。

（3）员工出勤控制。所有客房部员工的上下班都要到客房服务中心签到、签离。这不仅方便了考勤的统一管理和人员控制，还有利于加强员工的集体意识。

（4）钥匙管理。客房部所使用的各种工作钥匙都集中于客房服务中心管理，这是客房服务和安全的重要保障。

（5）失物处理。整个酒店的客人遗留和遗失物品的处理和保存都由客房服务中心负责，使失物的招领和返还工作做到统一管理。

（6）档案保管。客房服务中心负责保存客房部所有的档案资料，并必须做到及时补充和更新整理，以保证有关档案资料的完整和详细，使管理和服务具有连续性，有十分重要的意义。

模块 3　既有客房服务中心，又有楼层服务台

（一）特点

该模式吸取了客房服务中心和楼层服务台的优点，也克服了这两种模式的部分缺点。

（二）服务方式

（1）在客人活动的高峰时间，安排专职的楼层值台员负责对客服务。客人外出或夜间休息时，对客服务工作相对较少，可以不安排专职楼层值台员，否则会出现人力浪费的现象。客人需要服务时，可通过客房服务中心安排。

（2）在部分楼层设立服务台，安排专职值台员负责对客服务工作。这些楼层主要用于接待贵宾或需要特别关照的客人，其他楼层的对客服务工作由客房服务中心统一调控。

（三）处理投诉

1. 客房投诉的原因

在客房服务工作中,常见的投诉原因有以下几种:

(1)服务员整理房间太迟。

(2)服务员礼节礼貌不周。

(3)服务员索取小费或礼品。

(4)客人失物无法找回。

(5)客房设备损坏给客人造成不便或致伤。

(6)客房用品没有及时更换和补充。

(7)客房卫生不好。

(8)受到噪声干扰,影响客人休息。

(9)洗衣质量不好。

(10)迷你酒吧账目算错或饮料超过保质期。

(11)服务员对客服务不及时。

2. 处理投诉的程序（表3.1）

表 3.1　客人投诉的处理工作程序

程　序	工作标准及要求
让座赠茶	当客人找到酒店员工,"面对面"地投诉时,可以邀请他到办公室,请他坐下来讲话,同时为客人送上一杯茶水或免费饮料
认真记录	接受客人投诉时,要做好记录,包括客人投诉的内容、客人的姓名、房号、投诉时间及客人投诉的要点等,以示对客人投诉的重视,同时也是酒店处理客人投诉的原始依据
表示同情	①在听完客人投诉后,首先表示歉意 ②要对客人表示同情和理解,可以说"如果我是您,我也会感到不平和不满意"等,使客人感受到被尊重,自己投诉并非无理取闹,同时也使客人信赖酒店的工作人员,从而减少对抗情绪
维护双方利益	①要为客人排忧解难,为客人利益着想 ②不可在未弄清事实前,盲目承认客人对具体事实的陈述,轻易表态,以免引起纠纷和赔偿事件,给酒店造成经济损失
解决问题	①如果是自己能够解决的问题,应迅速回复客人,告诉客人处理意见 ②对工作中的失误,应立即向客人道歉 ③在征得客人同意后,作出补偿性处理。所有客人的投诉应尽量在客人离店前得到圆满解决。如果超出自己的权限,则须请上级处理。如确属暂时不能解决的,也要耐心向客人解释,取得谅解,并请客人留下地址和姓名,以便日后告诉客人最终处理结果

模块4　客房服务中心秘书基本常识

（一）信息管理应知应会7件事

（1）收集信息。收集信息是客房服务中心秘书人员根据一定的目的,通过不同的方式收集、获取信息的过程。这是秘书人员信息管理工作的第一个环节,也是信息处理的基础。

（2）整理信息。整理信息是对收集到的原始信息在数量上加以浓缩,在质量上加以提高,在形式上加以变化,使之便于储存和传递的过程。整理信息是秘书人员整个信息工作的核心（图3.1）。

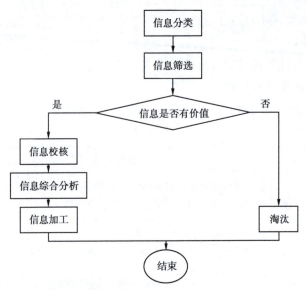

图3.1　整理信息流程图

（3）传递信息。传递信息是指秘书人员把整理加工后的信息转换成一定形式的信号,通过一定的介质和渠道输送给信息接受者的过程。

（4）利用信息。利用信息是通过各种有效的方式和途径,将整理加工后的信息资源,提供给信息利用者,以实现信息效用的最大化。利用信息有利于信息的增值和信息资源的共享,有利于提高各级组织决策的成功率。

（5）储存信息。储存信息是把已经利用过的或者尚未利用的信息资料入库储存起来。

（6）执行反馈信息。执行反馈信息是指秘书人员应及时了解各个信息使用者使用信息后的反应,并将信息使用过程中产生的效应以及信息使用中产生的大量新信息进行再收集、再处理和再传递。

（7）开发信息。开发信息是秘书人员全面挖掘、综合分析和概括提炼信息,以获得事物发生、发展和变化的高层次信息。

（二）档案管理 6 步骤

档案管理流程图，如图 3.2 所示。

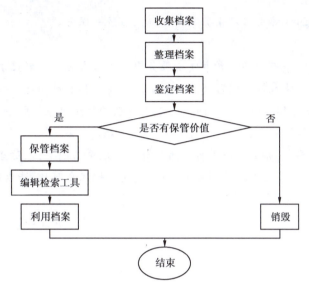

图 3.2　档案管理流程图

（三）文书处理 7 步骤

文书处理流程图，如图 3.3 所示。

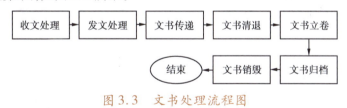

图 3.3　文书处理流程图

【知识拓展】

××酒店客房部门钥匙管理制度

☆ 磁卡钥匙的保管

● 小区域卡(2 把)由服务中心值班员保管。

● 楼层卡(4 把)由楼层服务员保管。

● 部门卫生卡(16 把)由服务中心值班员保管。

☆ 磁卡钥匙的制作

● 部门所有工作卡由主管和服务中心送卡制作，原则上根据工作时间情况确定各种钥匙卡的有效时间和期限，负责制卡的人员必须登记造册有案可查，收发或遗失钥匙卡必须由领用人签字。制卡人员有义务做好上述内容的存档工作。

● 小区域卡、楼层卡以及部门卫生卡的有效期均为一个月，即每月为员工制作一次工作卡。

☆ 磁卡钥匙的领、还制度

● 每月由主管在制卡人处领取一次员工工作卡,原则上用旧卡换新卡,即用失效卡换有效卡并按规定完成相关手续。

● 员工工作卡的保管由客房服务中心工作人员统一保管。

● 领、还程序如下:

每月由主管在服务中心领回新卡发给服务中心工作人员并做好记录。

每日服务中心工作人员根据客情及领班工作安排向其发放钥匙,领班必须配合服务中心完成此项工作,双方均要一丝不苟地做好钥匙管理的登记记录,领班一旦领出钥匙,必须承担钥匙的管理工作。

如果钥匙意外丢失,务必在一小时内通知部门经理重新制卡,以防盗窃事故发生,如果不按规定执行,经理将对领班给予严重处罚;若发生一切不良事故,皆由领班承担责任。

☆ 安全制度

房间磁卡钥匙遗失时,不应直接开门,应先报告发生遗失并立即通报服务中心,通知有关人员立即制卡。

【思考与实践】

1. 比较 3 种对客服务模式的作用,分析对客服务的特点。

2. 如何进行信息管理?

3. 如何进行档案管理?

4. 模拟钥匙的领取、使用与管理。

任务二　入住接待服务

【学习目标】

①根据客人的特点、性别、职业等心理学接待知识,对客人进行分类,达到认识客情的目的。

②为宾客准备好各种消费品,检查房内设备和用品,以确保不遗漏。

③做好 VIP 客人的接待服务。

【前置任务】

①根据客人的特点、性别、职业等心理学接待知识对客人进行分类,以小组为单位制作成PPT。

②查找酒店客房的类型(中英文表达方式),以小组为单位制作成PPT。

③分析酒店客房一般配备哪些客用品,其摆放位置应怎样?

④运用卫生间内用品摆放规范的知识,检查卫生间。

⑤在客人到达楼层之前,客房服务员应检查房间的哪些配置?

⑥怎样做好 VIP 客人的接待服务?

【任务准备】

组织学生进行讨论;准备好客房客用品;准备好客房类型的中英文表达方式;准备好客房服务工作单。

【相关知识】

模块 1　客房的检查

良好的开端是成功的一半,酒店新客入住的接待工作十分重要。做好客房检查,减少客用品配备的遗漏,及早发现各设施维修的隐患,都是接待工作好的开始,见表3.2。

表 3.2　客房检查表

检查项目	检查内容
房间、壁柜	①检查衣架、衣刷、鞋拔配备的数量以及放置的位置 ②拉好窗帘
各类设备	①摆稳茶几 ②将烟灰缸放在茶几中央,火柴 1 盒放在烟灰缸上方或立在缺口处 ③检查台灯、落地灯、壁灯、吊灯、地脚灯、音响、电视机、空调、电冰箱、门铃、电话是否处于正常状态
写字台	①抽屉是否有杂物 ②台面整齐,物品摆放规范,文具夹内用品齐全,台灯放在左前方
垃圾桶	①是否给垃圾桶套塑料袋 ②置于写字台右侧或左侧
电视机	①电视节目卡位于电视机前中间位置 ②检查遥控器,摆于节目卡旁边
打开空调,检查电冰箱	①打开空调,调在中挡位置 ②电冰箱内的物品是否齐全,位置摆放是否正确
卫生间内用品摆放规范	①浴巾 2 条叠放在浴巾架上 ②面巾 2 条放在面巾杆上 ③地巾 1 条,对折叠放在浴缸旁边 ④浴帽、洗发液、牙刷、梳子、口杯等放在小托盘内,置于卫生间云石台面的右侧

续表

检查项目	检查内容
卫生间内用品摆放规范	⑤浴皂 2 块,放在浴缸皂盒上,香皂 1 块,置于洗脸台的皂盒内 ⑥卫生纸放在抽水马桶边卫生纸架上,纸头叠三角形外露 ⑦卫生袋 2 个,放置在抽水马桶水箱上
抽水马桶	抽水马桶上有"已消毒"字样的封条,两端夹在抽水马桶坐盖与坐圈之间
口杯、水杯	①口杯、水杯均套有"已消毒"字样的塑料消毒套 ②杯口向上,"已消毒"字样朝外
茶几	盖杯放在茶几上,茶碟、盖杯的把手向客人的右方,茶碟、盖杯的图面向客人

模块 2　VIP 客人的接待

VIP 是"Very Important Person"的简称。这些客人身份地位高,能给酒店带来生意和声望。

接待 VIP 客人,应为他们提供以下特殊服务:

(1)进店由客务人员迎接。

(2)到房间办理登记手续。

(3)由客房服务员引进客房。

(4)送鲜花水果。

(5)房价适当优惠或全免。

(6)需要经理级管理人员拜访。

在接待 VIP 客人前,应先填写"VIP 客人接待通知书",见表 3.3。

【知识拓展】

对各国政府首脑等特殊 VIP 客人的住店服务,除按照 VIP 客人的接待规范进行外,还应提供下列服务:

(1)有国家领导人或当地领导人送的花篮、酒店总经理送的水果或点心盒。

(2)房间酒吧除摆放外国酒外,还应有中国名酒、高级茶叶。

(3)房间赠送新衬衣、睡衣。夫人房间摆放鲜花。

(4)卫生间摆放鲜花、化妆品、高级香水。

(5)所有棉织品均使用新的。客人在酒店内参加正式活动,所经路口、门口都有服务员站立、行注目礼、微笑欢迎。

（6）客房设专人服务。

（7）客人每离开房间一次，就要整理一次卫生。客人离店后，有专人检查房间，发现遗漏物品，尽快送还客人。

表3.3　VIP客人接待通知书

维多利亚酒店 Victoria Grand Hotel					
姓　名	身　份	到达日期	离店日期	陪　同	房　号

接待规格：

1. 迎送　□大堂副理　□部门经理　□副总经理　□总经理

2. 入住　□总台登记　□客房登记　□陪同登记　□团体迎候

3. 看望　□部门经理　□副总经理　□总经理

4. 鲜花　□花束　□花篮

5. 水果　□果盘　□果篮

6. 饮料　□一次性　□折扣　□全免　□每天

7. 点心　□巧克力　□蛋糕

8. 用车　□折扣　□全免　□专车

9. 用房　□折扣　□全免　□套房

10. 用餐　□标准收费＿＿＿元　优惠收费＿＿＿%

　　　　□全免　□早餐＿＿＿元　　中餐＿＿＿元　　晚餐＿＿＿元　　□专座

制表人：　　　　　　审批人：　　　　　　日期：

分送：总经理　　前厅部　　餐饮部　　客房部　　保安部

【思考与实践】

1. 怎样布置VIP客人的房间？

2. 怎样引领VIP客人进入房间？

3. 练习检查客房。

任务三　引客入房服务

【学习目标】

①运用礼貌礼仪知识，礼貌地迎客并引领客人入房间。

②运用旅游心理学知识,根据不同客人的需求熟练地介绍房间的设施设备。

③运用餐饮服务知识热情地为客人端茶送水。

【前置任务】

①以小组为单位讨论如何运用礼貌礼仪知识进行迎宾并引领客人入房间(学生运用了哪些知识点在课堂上必须说明)?

②根据客人的需要为客人介绍不同的客房类型及房间设施配备情况。

③进入房间后,客房服务员还可以为客人提供什么服务?

【任务准备】

要求学生复习好礼貌礼仪相关知识;餐饮服务中服务茶水相关知识;要求学生查找旅游心理学中如何对客人进行分类的相关知识;引客入房评分表;小组合作评价表;客房日报表。

【相关知识】

在星级酒店里,迎客服务这项工作主要是由行李员负责,从店门口迎接客人并陪客人进入客房。楼层服务台的值班员只需面带微笑,站在电梯口,礼貌地欢迎客人的入住。如果客人无行李员陪同到达楼层,台班服务员要按规范要求引领客人进入房间。

引客入房的程序:

(1)了解客人的姓名、国籍、身份。

(2)按照不同规格布置房间。

(3)楼层客房服务员应站在电梯口欢迎客人。

(4)客人出电梯后,应询问客人的房号,并示意客人行走的方向,主动接过客人行李,距客人2~3步远处引领至房门口。

(5)按程序敲门,开门后打开总开关,请客人进房间,将行李放在行李架上。

(6)根据客人的特点介绍房间内的设施设备,告知房间钥匙已插在电源总开关处。

(7)离开房间前,要询问客人还有什么吩咐,然后祝客人愉快,面向客人说声"再见"后轻轻关门离开。

一些宾馆、酒店很强调东方式的亲切热情服务,迎客服务要求"人到、茶到、毛巾到"。例如,有两位客人被某酒店行李员领进标准客房后,虽然身体感觉疲乏,但整洁雅静的客房使他们顿生精神。打开摆放在写字台上的文具夹,"服务指南"的第一页便是两行醒目的黑体字:"我们的职责就是要您感觉到,花同样的钱,在这里得到的服务更加诚挚,我们的奋斗目标是向您出售最精良的服务。"下面是酒店总经理的签名,还未翻到第二页,即客人进入房内还不到两分钟,一位挂着甜美笑容的服务员端着盘子,将两杯沏好的茶,送到了客人面前,并亲切地说道:"您路上辛苦了,请用茶。"话音未落,又一位服务员款步而来,送上香喷喷的毛巾,说道:"先生,您一定累了,请擦一下脸,再好好休息一下,有事请吩咐。"说完后,两位服务员踏着轻步,在房门口向客人点头示意,并轻轻地关上房门。

从上例可以看出,服务员已把总经理的要求一丝不差地付诸自己的工作中,给风尘仆仆的客人留下了难忘的印象。

对于 VIP 客人抵达楼层时的迎接服务工作:当贵宾在酒店有关人员陪同下到达楼层时,客房部经理或主管、领班和楼层服务员应在电梯口迎候,并随时做好必要的服务工作。楼层服务员除了要向 VIP 客人问候表示欢迎外,还要及时送上茶水和香巾,安排好客人休息。

【知识拓展】
客房清洁卫生的逐级检查制度

客房的逐级检查制度主要是指对客房的清洁卫生质量实行服务员自查、领班全面检查和管理人员抽查的逐级检查制度。这是确保客房清洁质量的有效方法。

☆ 服务员自查

服务员每整理完一间客房,应对客房的清洁卫生状况、物品的布置和设备的完好等做自我检查。这在服务员客房清扫程序中要予以规定。通过自查,可以加强员工的工作责任心和服务质量意识,以提高客房的合格率,同时也可以减轻领班的查房工作量。

☆ 领班全面检查

服务员整理好客房并自查完毕,由楼层领班对所负责区域内的每间客房进行全面检查,并保证质量合格。领班查房是服务员自查之后的第一道关,往往也是最后一道关,是客房清洁卫生质量控制的关键。因为领班负责 OK 房的报告,总台据此就可以将该客房向客人出租,所以领班的责任重大,必须由工作责任心强、业务熟练的员工来担任。一般情况下,楼层领班应专职负责楼层客房的检查和协调工作,以加强领班的监督职能,防止检查流于形式。通常,领班每天检查房间的比例为 100%,即对其所负责的全部房间进行普查,并填写"楼层客房每日检查表"。但有的酒店领班负责的工作区域较大,工作量较重,每天至少应检查 90% 的房间,一般可以对住客房或优秀员工所负责的房间进行抽查。

领班查房时若发现问题,要及时记录并加以解决。对不合格的项目,应开出查房返工单,令服务员返工,直到达到质量标准。对于业务尚不熟练的服务员,领班查房时要给予帮助和指导,这种检查实际上就是一种岗位培训。

☆ 管理人员抽查

管理人员抽查主要指主管抽查和经理抽查。在设置主管职位的酒店中,主管主要是客房清洁卫生任务的主要指挥者,加强服务现场的督导和检查,是其主要职责之一。主管抽查客房的数量,一般为领班查房数的 10% 以上。主管检查的重点是每间 VIP 房,抽查长住房、OK 房、住客房和计划卫生的大清扫房,还要检查维修房,促使其尽快投入使用。主管查房也是对领班的一种监督和考查。

【思考与实践】

1.省旅游局领导一行 5 人前来本市视察工作并下榻本酒店,楼层服务台接到总台传来的通知单。作为楼层服务员,请你按照引客入房服务标准完成该任务(了解客情、布置房间、迎接客人)。

2.思考如何为客人提供会客服务?

3.案例分析。

一根头发丝

22:00左右,某酒店1105房间入住了一位香港的李先生。李先生很快洗了澡,然后掀开已经开好的夜床准备休息时,突然发现床单上有一根长长的头发丝,接着又发现床单有些皱。于是,李先生打电话到大堂副理处投诉说:"我房间里的床单皱巴巴的,而且上面还有一根头发丝,肯定没有换过,我要求宾馆立即更换床单。还有,你们酒店给我提供的是一间'次品房',因此我要求房价打折。"大堂副理迅速赶到1105房,果然发现李先生的陈述属实,便对他说:"先生,真对不起,我马上让服务员更换床单,并给您的房价打八折,您看可以吗?"李先生表示接受大堂副理的处理。

(1)服务员在清洁房间卫生时都应该注意哪些方面?

(2)客人对你服务不满时,你将如何补救?

(3)换位思考,你住了一间床上有毛发的房间会有何感受?

(4)如何保证客房清洁质量达标?

【效果评价】

表3.4 小组合作评价表

班级　　　　　　　　　　评价小组　　　　　　　　　　日期

评分标准	小组名称	得　分	得分依据或存在问题
分工协作好,并能充分发挥团队作用(20分)			
资料组织有条理,内容丰富,并与题目主题相对应(20分)			
内容具有创新性,能反映小组成员的接待能力与技巧(10分)			
能掌握好理论运用的幅度(15分)			
展示手段多样化,效果良好(10分)			
演示仪态好、语言简练、气质佳(5分)			
组织纪律好,遵守课堂纪律,做好笔记(5分)			
小组评价认真,能为其他小组提出一些建设性的建议(15分)			
合　计			

表 3.5 引客入房评分表

班级 　　　　　　　　　　　评价小组 　　　　　　　　　　　日期

项　　目	要求和评分标准	小组名称	得　分	得分依据或存在的问题
引领宾客入房（40分）	1.站立、微笑地向客人问好（5分）			
	2.问清楚客人的房号（5分）			
	3.主动为客人提行李（6分）			
	4.使用礼貌用语（6分）			
	5.在客人左前方或右前方两至三步处引领客人（6分）			
	6.引领客人进入房间，能够运用到"进"房的知识（6分）			
	7.转弯时停步，面向客人，向所行方向伸手示意至房门口（6分）			
设施设备介绍（30分）	1.进入客房后，对客房的情况进行总体介绍，语言简单、清楚（5分）			
	2.介绍空调的使用方法，并报告房间的温度（5分）			
	3.介绍电话的使用及收费方法（5分）			
	4.介绍卫生间的热水器或桑拿的使用方法（5分）			
	5.介绍服务指南的使用（5分）			
	6.用礼貌用语祝福客人（5分）			
送茶水服务（30分）	1.能运用餐饮服务中托盘的操作知识进行茶水服务准备（6分）			
	2.准备好垫巾，并置于托盘中部（6分）			
	3.运用托盘知识使用托盘（6分）			
	4.运用礼貌礼仪知识行走至房间（6分）			
	5.运用恰当的语言为客人送上茶水与香巾（6分）			
合　　计				

任务四 会客服务

【学习目标】

按客人要求做好准备工作,客人会客时协助做好接待工作,会客后为客人做好收尾工作。

【前置任务】

①客人的朋友来访,客房服务员应该采取什么措施?

②客人的朋友离开后,客房服务员要为客人提供什么服务?

【任务准备】

椅子;茶具。

【相关知识】

会客服务标准如下:

(1)会客服务主要是为客人做好会客前的准备工作。问清来访客人人数(以便加椅)、时间,是否准备饮料、鲜花,有无其他特别服务要求等。在会访前半小时做好所有工作。

(2)协助住客将来访者引到客人房间(事先应通知客人)。

(3)送水或送饮料服务。

(4)访客离开后及时撤出加椅、茶具等,收拾好房间。

(5)做好访客进出时间的记录,如已超过时间(一般23:30后),访客还未离开,根据酒店规定,可先用电话联络,提醒宾客的会客时间,以免发生不安全事故。对没有住店宾客送别的访客要特别注意。

(6)做好会客登记,见表3.6。

表3.6 会客登记表

楼层:_____ 日期:_____

房 号	来访客人姓名	来访客人证件	到店时间	离店时间	备 注

访客来访,先在楼层服务台办理来访登记手续(有的酒店在总台设来访登记),在接待来访客人时,要特别注意以下几点:

(1)未经住客同意,不可将来访者引进客房。同时,不得随便将住客的姓名、房号告诉来访者。

(2)根据来访者人数,可提供茶水和座椅服务,使访客和住客都满意。

(3)如果客人不在房间,应请访客留言或到酒店大堂等候,不可让访客在楼层逗留,未经住客同意,访客不能在房间等候。

(4)来访期间,服务员应勤于巡视楼层,检查有无异常情况,并注意访客是否在没有住客陪同下带走贵重物品。

(5)探访时间超过酒店规定,要让访客离开住客房间。

(6)会客完毕后,应及时为访客按电梯按钮,引导客人下楼,同时做好访客离开时间登记,并及时派人整理房间、补充茶水。来访者离开后,要立即打电话进房征询住客需不需要服务,以此了解房间有无发生问题。

(7)来访者23:30仍未离开的,要打电话有礼貌地请其第二天再来,如客人要留宿的,需请其到前台办理入住登记手续。经催劝不肯办理住宿手续又不离房的,报部门处理。

【知识拓展】
客房服务质量的构成

"质量是企业的生命"这一观念已成为当代企业的基本共识,对于饭店管理也是如此。在市场竞争条件下,饭店经营成败的关键在于服务质量。客房服务是饭店服务的重要组成部分,其质量高低直接影响饭店服务质量和客房出租率。要加强客房服务质量管理,提高客房服务质量水平,必须认识客房服务质量及其管理内容。服务质量是指以设备或产品为依托的劳务适合和满足宾客物质和精神需求的程度。适合和满足的程度越高,服务质量就越好。客房服务质量是由以下三个方面内容构成的:

☆ 客房设备设施用品质量

客房设备设施用品质量包括客房家具、电器设备、卫生间设备、防火防盗设施、客房备用品和客房供应品的质量。这些是客房服务提供的物质基础,其舒适完好程度如何,直接影响整个客房服务的质量。

☆ 客房环境质量

客房环境质量主要是指客房设施设备的布局和装饰美化,客房的采光、照明、通风、温湿度的适宜程度等。良好的客房环境能使客人感到舒适惬意,产生美的享受。

☆ 劳务质量

劳务质量是客房部一线服务人员对客人提供的服务本身的质量。它包括服务态度、服务语言、服务的礼节礼貌、服务方法、服务技能技巧、服务效率等。

在这三个方面中,设备设施用品和环境的质量是有形的,劳务质量是无形的,却又是服务质量的最终表现形式。三者的有机结合,便构成了客房服务质量。客房管理的目的,就是促使客房服务质量得到全面提高,满足客人物质需求和精神需求,从而创造经济效益和社会效益。

【思考与实践】

1. 请练习为客人提供会客服务。

2. 请为 VIP 客人提供会客服务。

3. 案例分析。

房间卫生清扫未达标

某酒店 822 房间的客人欧先生投诉:客房内茶几螺丝松动;写字台桌边有胶未擦干净;台灯与床头板有灰尘。客人认为上述几点与五星级酒店称号有差距。经查,这是由于客房出租率较高,服务人员在清扫房间时,对房间卫生标准有所放松,且楼层经理(主管)和查房员(领班)查房不细心所致。

(1)客房出租率较高时采取哪些有效措施才能保证房间卫生清扫达标?

(2)如何保证客房清扫分级检查制度的落实?

(3)如何培养员工的品牌意识?

(4)如果你在五星级酒店住了一间不干净的房间,你会怎样想?

任务五　会议服务

【学习目标】

能根据会议服务清单,安排会场、席位,在会议举办期间为与会者提供现场服务。

【前置任务】

①会议服务清单一般包含哪些内容?

②酒店一般会向客人提供哪些会议服务?应怎样布置会场、安排席位?

③应如何为与会者提供会议服务?

④请为客人提供会谈厅、签字厅的服务。

【任务准备】

教师应准备好各种会议类型的布置工具;学生应提前做好会议服务准备;布置会议场所的所有工具。

【相关知识】

模块 1 会议场所服务任务清单

(1)做好会议、接待场所的日常清洁工作。

(2)了解、掌握当日的会议和接待情况,按服务规范和要求,做好每次会议的接待服务工作,确保各项工作高效优质无差错。

(3)按规定保持会议和接待场所各类设备完好,发现异常及时报修。

(4)服从领导安排,做好各项工作,会议或接待途中不得离岗或做分外事,加强责任心,确保会议圆满进行。

(5)做好用具的清洁消毒工作,保证用具完好。

(6)严格遵守各项规章制度。

模块 2 会见厅的布置、席位安排及服务

(一)布置会见厅

十几人左右的会见厅可用沙发或扶手椅布置成马蹄形、凹字形;规模较大的会见厅,可用桌子和扶手椅布置成丁字形。会见时如需要合影,应按会见人数准备好照相机及配件,合影背景一般为屏风或挂图。会见厅布置的依据:会见人数的多少、客厅面积的大小、客厅形状。

(二)安排席位

会见通常安排在会客室,根据实际情况,有时宾主各坐一边,有时也可穿插坐在一起。我国习惯的做法:

(1)客人一般坐在主人的右边。

(2)翻译员、记录员安排坐在主人和主宾后面。

(3)其他客人按身份在主宾一侧依次就座。

(4)主方陪见人在主人一侧就座。

(三)会见厅服务

会见厅服务用品包括茶杯、垫碟、烟灰缸、便签、火柴、圆珠笔或铅笔等文具。

（1）除茶杯外,其他用品在会见开始前半小时按规格摆放在茶几或长条桌上。

（2）招待用品通常优先配置烟、茶水,夏季有时招待冷饮。

（3）香烟在会见前摆好,茶水或冷饮在客人入座后再摆上。

会见厅的服务程序:

（1）参加会见的主人,一般会在会议开始前半小时到达活动现场。这时,服务员要用小茶杯为其上茶。当宾客到达时,主人会到门口迎接并合影。利用这个间隙,服务员应迅速将用过的小茶杯撤下。

（2）上茶时,杯把一律朝向宾客右手一侧,要热情地用语言表达"请"。

（3）会见时间较长时,应为每位主人和客人送上一块热毛巾。

（4）每隔40 min左右,为会见双方续一次茶水。续水程序:

①用左手小指和无名指夹住杯盖。

②用大拇指、食指和中指握住杯把,将茶杯端起。

③侧身,腰略弯曲。

④续水。

⑤盖上杯盖。

注意续水不要过快过满,以免开水溅出杯外,烫伤客人或溢到茶几上。

（5）在会见进行中,要注意观察厅内的动静,宾主有事招呼,要随时回应,及时协助处理。

（6）会见结束后,检查活动现场,如发现宾客遗忘物品,立即与客人联系,尽快物归原主;如客人已离开,办理转交手续后交给主办单位代为转交。

【知识拓展】

会谈服务

会谈是指双方或多方就某些重大的政治、经济、文化、军事等问题或共同关心的问题交换意见。会谈也可以是洽谈公务,或就具体业务进行谈判。一般来说,会谈内容较为正式,政治性或专业性较强。

☆ 布置会谈厅

双边会谈的厅室一般布置长条桌和扶手椅,宾、主相对而坐;多边会谈往往采用圆桌或方桌。

●根据会谈人数的多少,将长条桌呈横一字形或竖一字形摆放,桌子的中线要与正门的中轴线对齐。

●在桌面上匀称地铺上台呢或白色台布。

●在桌子两侧对称摆上扶手椅。主宾和主人的座位要居中相对摆放,座位两侧的空隙应比其他座位略宽一些。

●会谈桌呈横一字形摆放的,主人应在背向正门的一侧就座;如果呈竖一字形布置的,以进门方向为参照,客人座位在右侧,主人座位在左侧。

●翻译员的座位安排在主持会谈的主宾和主人的右侧。

●记录员一般在会谈桌的后侧另行布置桌椅就座。如参加会谈的人数较少,也可以安排在会谈桌前就座。

☆ 配备会谈用品

●在每个座位前桌面的正中摆放一本便签,紧靠便签的右侧各摆放一支红、黑圆珠笔。

●便签的右上方放一个带垫盘的茶杯,垫盘上垫小方巾,避免端放茶杯时发出声响。

●为了增添会谈气氛,可在会谈桌子纵中轴线上摆几组插有鲜花的花瓶或花盘,花枝不宜过高,以不遮挡双方的视线为宜。

☆ 会谈厅服务

●宾、主来到会谈桌前,服务员应立即上前拉椅请坐。

●记者采访、摄影之后,应按"先宾后主"的原则,为宾、主倒茶。

●会谈中间,为客人和主人上一次热毛巾。

●应主人要求上咖啡、小点心的,应先将奶罐、糖罐等在每两个座位之间摆放一套,然后再上咖啡。咖啡杯下垫一垫盘,盘内放一只小茶匙。

●会谈结束时,服务员应为客人开门或叫电梯,致告别语。

【思考与实践】

1.请为同学提供会见续水服务。

2.以小组为单位,设计签字仪式的签字厅的会场,并提供相应的服务。

任务六　洗衣服务

【学习目标】

按服务标准为客人提供洗衣服务。

【前置任务】

为客人提供洗衣服务应怎样操作?

【任务准备】

洗衣袋;洗衣单。

【相关知识】

模块 1　洗衣服务的"一准、二清、三及时"和"五清一主动"

客人送洗衣物有水洗、干洗、净烫三种。洗衣服务属于客人委托代办事项之一,操作时要做到"一准、二清、三及时"和"五清一主动",即:

(1)代办事项准、账目清、手续清、交办及时、送回及时、请示汇报及时。

(2)房号要记清,要求要写清,口袋要掏清,件数要点清,衣料破损、污渍要看清,主动将衣物送进房间。

模块 2　洗衣服务程序

(一)住客送洗衣物的方式

(1)致电服务中心或楼层服务台要求送洗。

(2)将待洗衣物和填好的洗衣单放入洗衣袋,挂在门锁上或放在房间内。

(3)留下字条,让服务员代填洗衣单(表 3.7),并把衣物放在明显的地方。

(4)将衣物直接交给服务员。

(二)常规洗衣规程

1.收送客衣的操作规范

(1)服务员每天在上午 10:00—10:30 时要查看客人是否要求洗衣服。

(2)楼层服务员在清洁房间时,发现有客衣或客人要求洗衣服时,首先要检查客人是否填写洗衣单,房号、姓名、衣服数量是否相同及有无特殊要求等;对没有填写洗衣单的衣物不予收取。但客人有要求或直接交给服务员的衣物可代客人补填洗衣单送洗。

(3)检查衣物的过程中发现衣料有破损、污渍或件数不符等情况时,要及时向客人澄清、确认;发现有遗留物品或钱币时要当面交还客人,并做好记录及交班。

(4)经检查后的衣物,服务员要在洗衣单的右上角签上自己姓名和核收客衣的件数,收到后,立即送往客衣存放的工作间,并通知服务中心立即收取送洗。

(5)服务中心接到客人要求洗衣物的电话时,要准确记录要求洗衣客人的房号,将信息及时传递给楼层服务员进房收取。

表3.7　洗衣单

洗衣单

LAUNDRY FORM

NAME 姓名：_____

ROOM No. 房号：_____

DATE 日期：_____

　　普通服务:每天早上 10:00 收衣,晚上 7:00 送回;每日早上 10:00 后收衣,次日早上 10:00 前送回,如需当日送回,加收50%洗衣费。

　　快洗服务:早上 10:00 至午后 2:00 收衣,4 小时送回,加收 50% 洗衣费。

　　宾客须知:

　　1.请先填写洗衣单,填上房间号和送洗衣物数量,如果不填送洗衣物数量,将以酒店确认收衣的数量为准;

　　2.衣物会缩水或者掉色请事前声明,否则出现缩水或掉色现象,酒店不负责任。

　　3.所有净熨收取干洗费的50%。

　　4.如需投诉,请在 24 小时内发出,并出示原始单据。赔偿的最高限额为洗涤额的 15 倍。

湿　洗					干　洗				
衣物名称	客人计数	酒店计数	价格/元	收　费	衣物名称	客人计数	酒店计数	价格/元	收　费
衬衫			7.00		短外套			15.00	
手帕			2.00		大衣			30.00	
睡衣			8.00		西服			15.00	
短袜			3.00		西裤			10.00	
短裤			4.00		背心			8.00	
外衣			20.00		毛衣			12.00	
运动衣			14.00		腈棉服			15.00	
西裤			30.00		羽绒服			30.00	
T恤衫			10.00		连衣裙			15.00	
内裤			3.00		短裙			10.00	
内衣			3.00		褶裙			10.00	
胸衣			3.00		晚礼服			30.00	
围巾			2.00		衬衫			15.00	
毛衣			30.00		领带			15.00	
牛仔裤			30.00						
总件数					基本费				
					快洗费				
					净熨费				
特别说明					费用总计				

（6）服务中心在洗衣登记簿上记录楼层服务员每次报来的洗衣情况，然后马上到楼层将客衣收取并集中到服务中心清点份数、件数，待洗衣房员工前来收取或直接交给洗衣房，两次交换时均要做好签收手续。

（7）如当天退房或已退房客人要求洗衣的，服务员要在洗衣单上注明"衣服请送××楼层"或"服务中心"，并通知洗衣房另开单收费。

（8）如客人亮"请勿打扰"灯时，应填写通知单从门缝下送进房间，并做好记录（因服务员忘记检查而住客要求洗衣，加收费用由服务员付款）。

（9）若半小时内服务中心仍未到楼层收取客衣时，楼层服务员应电话告知服务中心。

（10）洗衣房送回衣物时，楼层服务员要认真核对客人的房号、件数，核对清楚后，逐一将衣物送到客房内。

2. 快洗规程

（1）超过 12:00 收取客人的衣物时，应向客人说明如要当天送回衣物，属于快洗服务，需要加收 50% 的费用；如作普通服务，只能在第二天送回，特殊情况应报告客房部与洗衣房联系解决。

（2）快洗服务的客衣，必须在洗衣单上注明"快洗"及取回时间。如时间太急，应迅速与洗衣房联系，确认可进行快洗服务后，再答复客人，并马上将衣物送交洗衣房。

（3）检查衣物的过程中发现衣料有破损、污渍或件数不符等情况时，要及时向客人澄清、确认；发现有遗留物品或钱币时要当面交还客人，并做好记录及交班。

（4）经检查后的衣物，服务员要在洗衣单的右上角签上自己的姓名和件数，收至工作间并通知服务中心立即收取送洗。

（5）洗衣房送回衣物时，服务员要认真核对客人的房号、件数，核对清楚后，逐一将衣物送到客房内。

尽管酒店收洗客衣的管理上有严格的控制，但赔偿客衣的事还是经常出现。容易发生的洗涤失误有：掉色、缩水、未洗净、误时、丢失、送错等。发生这类情况，首先弄清问题，了解原因，判定酒店与客人相互的责任。如果楼层服务员对客人的投诉不能作出处理，应通知洗衣房由有专业知识且熟悉业务的有关人员前来解决。赔偿客衣的原则，一般可视情况免费重新处理，减收、免收洗涤费（或超时费），或对客人给予一定数额的赔偿。按照酒店行业惯例，最高赔偿不超过洗涤额的 15 倍。

3. 注意事项

（1）向客人说明普通洗衣服务与快洗服务的费用差别。

（2）四、五星级酒店应提供客衣修补服务。

（3）可采取推出"保价洗涤收费方式"，按客人对衣服报价的一定比例收取费用。

（4）未经客人允许、未放在洗衣袋内的衣服不能收取。

【知识拓展】

客房服务质量标准制定的依据

客房服务质量标准的制定主要应考虑以下三个方面的因素：

☆ 适应性

设备设施的质量标准必须和酒店星级与档次相适应，星级越高，客房服务设施就越完善，设备就越豪华舒适。因此，客房服务设施的标准就有不同的层次。

☆ 合理性

服务质量的标准必须和产品价值相吻合。客房服务质量的标准体现的是客房产品的价值含量的高低。与其他产品一样，客房产品也应符合物有所值的要求，服务质量的标准包括有形价值和无形价值两部分。由于它关系到消费者和酒店双方的利益，制定标准应准确合理。标准过高，酒店要吃亏；标准过低，客人不满意，影响酒店声誉。

☆ 针对性

服务质量的标准必须以客人的需求为出发点。服务质量中人的劳务质量体现在服务态度、服务技巧、礼节礼貌等各个方面，其质量高低主要取决于客人的心理感受，因此，任何脱离客人需求的服务标准都是没有生命力的。

名贵的西装

南方一家酒店住着某公司的一批长住客。一天，该公司入住的一位客人有一件名贵西装弄脏了，需要清洗，当见到服务员小红进房送开水时，便招呼她说："小姐，我要洗这件西装，请帮我填一张洗衣单。"小红想客人也许是累了，就爽快地答应了，随即按她所领会的客人的意思帮客人在洗衣单湿洗一栏中填上，然后将西装和单子送进洗衣房。接手的洗衣工恰恰是刚进洗衣房工作不久的新员工，她毫不犹豫地按单上的要求对这件名贵西装进行了湿洗，不料在口袋盖背面造成了一点破损。

客人收到西装发现有破损，十分恼火，责备小红说："这件西装价值1万元，理应干洗，为何湿洗？"小红连忙解释说："先生真对不起，不过，我是照您交代填写湿洗的，没想到会……"客人更加气愤，打断她的话说："我明明告诉你要干洗，怎么硬说我要湿洗呢？"小红感到很委屈，不由分辨："先生，实在抱歉，可我确实……"客人气愤之极，抢过话头，大声嚷道："这真不讲理，我要向你上司投诉！"客房部王经理接到客人投诉——要求赔偿西装价格的一半5 000元。他吃了一惊，立刻找小红了解事情原委，但究竟是交代干洗还是湿洗，双方各执一词，无法查证。王经理十分为难，他感到问题的严重性，便向主持酒店工作的张总经理作了汇报。张总也感到事情十分棘手，召集酒店领导进行反复研究。考虑到这家公司在酒店有一批长住客，尽管客人索取的赔款大大超出了酒店规定的赔偿标准，但为了彻底平息这场风波，稳住这批长住客，最后酒店方还是接受了客人要求，赔偿5 000元，并留下了这套西装。

本案例中将名贵衣服干洗错作湿洗处理引起的赔偿纠纷，虽然起因于客房服务员代填的洗衣单,造成责任纠缠不清,但主要责任仍在酒店方面。

第一,客房服务员不应接受替客人代写的要求,而应婉转地加以拒绝。在为客人服务的过程中严格执行酒店的规章制度和服务程序,这是对客人真正的负责。

第二,即使代客人填写了洗衣单,也应请客人过目后予以确认,并亲自签名,以作依据。

第三,洗衣房的责任:首先是发现洗衣单上没有客人签名就不该贸然下水;其次对名贵西服要湿洗的不正常情况未能敏锐地发现问题,重新向客人了解核实。

另外,就本案例的情况而言,酒店一般可按规定适当赔偿客人损失,同时尽可能地将客人小损的衣服修补好。但由于投诉客人是长住客,为了稳住这批长住客客源,这家酒店领导采取了同意客人巨额赔款要求的处理方法,也是完全可以理解的。尽管客人的确也有责任,但酒店严格要求自己,本着"客人永远是对的"原则,从中吸取教训,加强服务程序和员工培训,也是很有必要的。

[思考与实践]

1. 什么是"一准、二清、三及时"和"五清一主动"?
2. 请以小组为单位演示为客人提供洗衣服务。
3. 案例分析。

送洗的客衣接连出错

某房间的 A 先生洗了两件衬衣,只送回来了一件,另一件衬衣不知去向。A 先生没洗西服,而服务员却送来了一件西服,不知所措的 A 先生不得不向服务员问其原因。另一房间的 B 先生没洗衣服却收到了一件洗好的衬衣,感到莫名其妙。C 先生要去开一个重要会议,问服务员送洗的西服为什么还没送回,服务员查阅登记本后说没有 C 先生的洗衣登记。D 先生送洗的衣服登记本上有,而衣服却找不着了。经查,由于服务员工作粗心,看错房号,将 A 先生的衬衣错送到了 B 先生的房间。由于服务员工作马虎,填错房号,将 C 先生的西服送到了 A 先生的房间。夜班员工送洗客衣时未与登记本核对,D 先生的衣服被其他物品压在工作间未送洗,所以一时找不着。

(1)收送客衣的服务程序是什么? 你在收送客衣的工作中是否每次都能按服务程序操作?

(2)你认为客衣错收、错送、送洗不及时或丢失的问题容易出在哪些环节上? 原因是什么?

(3)你还能列出收送客衣工作中容易出现的其他问题吗? 请举例说明。

(4)如果收送客衣出现差错,客人进行投诉应如何处理?

任务七 个性化服务

【学习目标】

按服务标准为客人提供洗衣服务、擦鞋服务、托婴服务、小酒吧服务和对客租借物品等个性化服务。

【前置任务】

①请准备客房服务员可以为客人提供的个性化服务项目,从中体会个性化服务的原则。

②假设情景,检查客人是否用过小酒吧;如果用过,填写或核对清单。

【任务准备】

设计个性化服务的场景;演示个性化服务所需要的工具。

【相关知识】

模块 1 个性化服务

一般地,个性化服务是指酒店为满足客人不同需要而提供的各种灵活服务、关心服务、小项服务、超前服务等"超常规"服务,它是以满足每位客人的特殊需要为目的和进一步提高客人的满意程度的个别需求服务。

个性化服务起源于海外发达国家,称为 Personalized Service 或 Individualized Service。之所以提出这样一个服务新概念,主要是因为西方酒店业近百年发展过程中发现在真正面对客人服务时,仅有规范化的服务仍然不能使不同的客人完全满意。造成这种状况的主要原因就是服务对象——客人,其需求在不断地变化,且变幻莫测。原来的标准化、规范化远不能满足客人深层次的个别需求,标准化的规范是死的,而深层次的需求又是即时的。这就是为什么有时服务员按规定的服务程序为客人服务,不但没有让客人高兴,反而会使客人感到别扭,甚至大发脾气。在这种背景下,酒店的经营者开始认识到,服务必须要站在客人的角度,因客人的私人习惯而随机应变,个性化服务由此产生,即服务必须有针对性地满足不同客人的个别需求。

模块 2　客房小酒吧服务

为了方便住客在客房饮用酒、饮料和食用小食品,较高档的酒店都在客房内设有小酒吧,按规定的品种及数量配备烈酒、啤酒、汽水、果汁以及佐酒的小食品等,还提供配套的酒杯、水杯、开瓶器、调酒棒、纸巾等用具用品。里面还要放上饮料账单,账单上列出所供应的饮料食品的品种、额定存量、价格以及小酒吧的管理说明。

小酒吧的管理由台班服务员负责。每天须定时清点,及时补充。检查时要认真仔细,以免出错。检查后将客人的耗用量填在核查单上,按规定的品种和数量补齐、补足,用过的杯子及其他用品要撤换。

随着科技的进步,酒店普遍实现电脑化管理。一种既能方便客人,又能减小劳动强度、提高服务效率的客房饮品销售方式将会出现,即客房内销售饮品也采用了电脑控制系统。小酒吧内的每瓶酒水、每袋食品都被放在特制的水平架上,架内设有一感应装置,一旦客人取用,感应器将传导出一定的数字信号,并把客人的消费直接计入客人的总账单上,也记下消费的准确时间。同时,该装置还可以向楼层服务台值班服务员(或客房服务中心)通报某客房哪些酒水将用完,以便及时补充。这样,服务员就无须每天都要检查小酒吧了。

小酒吧服务的注意事项:

(1)小酒吧的食品、酒水按规定配备,检查有效期,避免摆放过期食品。

(2)认真清点,防止客人"偷梁换柱"。

(3)出于个别原因不能及时补充,应及时报告上级。

(4)在客人离店结账时,服务员应迅速查看食品、酒水消耗情况,及时通知收银台。

[案例]

消失的迷你酒吧物品

某酒店803房退房时,服务员报收银,称客人动用了威哥王和蓝嘴白沙各一盒,客人质疑,要求复查。稍后,服务员又报蓝嘴白沙没动用,由于客人对服务员前后所报结果产生怀疑,拒绝买803房酒水单。

本案例中客房部应提高服务员查房的速度和质量,OK房在报出之前必须保证客用品配备齐全,当班管理人员要进行检查,合格后方可通过。若确出于客观原因配不齐全的,各班次应严格按规范做好交接,服务员在查房前一定要仔细阅读交班本,也要避免忙中出错。

迷你酒吧常见表3.8。

表3.8　迷你酒吧(mini-bar)单

Please mark number of drink consumed

In the consumption column

(请在数量栏内填上所用酒水的数目)

项目 Stock	描述 Description	单价 Unit Price	数量 Quantity	金额 Amount
2		RMB		

续表

项目 Stock	描述 Description	单价 Unit Price	数量 Quantity	金额 Amount
2		RMB		
2		RMB		
2		RMB		
			总数 Total	
Room No. 客房号码：			Guest's Signature 客人签名：	

此单总数将会加入阁下账户之内。

The amount on this column will be added to your room account.

Room Attendant 管房员＿＿＿＿＿＿＿＿　　　　Checker 点核员＿＿＿＿＿＿＿＿

模块3　送餐服务

客房送餐服务，是按客人预订要求，将餐食送进房间的一种服务。这种服务体现了酒店的档次、等级及豪华程度。酒店设立"钟仔房"即"客房餐饮服务部"专司其职。

如果客人需要在房内用餐，只需打电话到"钟仔房"就可以了。如果宾客把早餐牌挂在房门外把手上，客房服务员应及时收取，并检查是否填写了房号、姓名、食品种类、日期等。将收集到的早餐牌，做好记录后，统一交到客房服务中心转送"钟仔房"。客人用餐完毕，客房服务员应主动协助"钟仔房"做好客房用餐的善后工作。

【案例】

延误的送餐

2020年3月，饭店服务员小陈接到点餐服务，电话结束后，小陈用点餐机下单，下单半小时后，客人催餐，此时小陈致电给送餐部问情况，送餐部说没有接到单子。经了解发现原来是送餐部的出单机发生故障，无法出单，自始至终就没有准备菜品。情急之下，小陈只好口头与送餐部下单，但菜品送到客人房间已经超过标准时间，导致客人投诉。最后宾客服务经理查明原因后跟客人道歉。在本案例中，服务员小陈下单后并没有及时跟送餐部确认是否点餐成功或者下单成功，最后导致送餐延迟。没有及时跟宾客服务经理联系，让客人增大了投诉的概率。服务员应及时跟踪送餐部进度，及时做好准备工作，直到工作完成。

模块 4　保险箱服务

为满足客人存放贵重物品的需要,客房内设置了先进的电子保险箱,免费供客人使用,既方便了客人,又省去了总台对保险箱的管理。不像过去那样,如需要使用保险箱必须在总台办理使用手续。使用时客人可任意输入若干个数字的密码,便可开、关存取贵重物品。如果保险箱发生故障或客人一时忘记密码,可通知值班服务员协助解决。

【案例】

遗忘在保险箱里的耳钉

2020 年 2 月,一位客人前来询问某酒店前台服务人员小李:"03 号保险箱有别的客人用过吗?"小李先帮助客人稳定一下情绪,说道:"先生您好,您先别着急,请您把事情的经过告诉我,我帮您查询一下。"经了解,原来这位客人是今天早上刚退房(1105 房间)的王先生,住店期间在保险箱里存放了一些物品,但由于退房时取保险箱里的物品太匆忙,回去一看少了一件很重要的东西,是一对非常小的耳钉。前台服务人员小周在给客人取物品时未曾核对仔细,导致客人回去非常着急,经过小李查询后,发现 03 号保险箱还未曾有其他客人用过,经过与客人确认相关信息准确无误后,打开保险箱,在保险箱的角落发现了王先生要找的物品。

此案例中前台服务人员在为客人办理取用物品手续时,没有认真核对客人所存放的物品。客人取物品时,须请客人出示相关证件再给客人取物品。如果客人未全部取出存放的物品,则做好记录后,请客人在保险箱记录本上签字确认取出物品的数量,剩下物品再给客人存放。客人手中的存放卡片要做好记录,避免错取遗漏现象的发生,时刻了解、掌握保险箱现在的状况。

模块 5　擦皮鞋服务

擦皮鞋这项服务在大多数的酒店是免费提供的,在一些高档酒店的楼层都设有擦鞋机,但不尽如人意。这项服务是在房间内放有擦鞋服务的鞋箦,若客人需要就会把鞋置放于鞋箦之上,或把鞋放于房间门外。台班服务员发现后第一时间取回工作间,并通知副班服务员或主管安排人员把鞋擦干净,尽量在客人回来之前把鞋放于房间适当的位置,但切忌在服务台附近帮客人擦皮鞋。擦皮鞋要注意下列几点:

(1)记清楚住客的房号,用纸写上放于鞋内,以免弄错。

(2)分辨清楚所用鞋油的颜色。

(3)在工作间擦皮鞋时要用旧报纸垫底。

（4）擦干净后送回房间适当位置。

（5）特别注意,雨天擦鞋要小心细致。

【案例】

"DND"的应变

客房中心文员接到一位客人的电话,要求提供擦鞋服务,文员按要求告知了楼层服务员小珍,小珍接到服务信息后,以最快的速度赶到房间门口,但门口却亮着"请勿打扰"灯（即"DND"）。当时小珍的第一反应是不可以敲门入内,必须按照服务程序打电话进房征得客人同意后方可进入。于是小珍赶紧到工作间打电话到房间,但听到的是忙音,看来客人在用电话,小珍不停地向客房内打电话,但始终不能接通,不一会儿 3 min 的服务时限过去了。

10 min 后,小珍接到客房中心的跟催电话:"客人已经发火了,责问我们为什么还没有人过去。"接到电话的小珍满腹委屈:"他房门打着 DND 灯,电话又打不进去,该怎么办啊?没办法了,只能敲门了。"于是小珍再次来到房门口,怯生生地敲开了房门,开门的是一位面有愠色的女宾:"为什么这么慢?我的鞋脏了,待会儿要参加宴会,快点!""我刚才来过了,因为您打 DND,而且电话也打不进来,所以晚了。"小珍大致说明了一下原因。

"什么 DND?电话我们在用,那你为什么不敲门啊?快点,我赶着出门。"小珍还想说点什么,但看到客人焦急的样子,便马上为客人提供了擦鞋服务。

模块6　借用物品服务

一些酒店免费向客人提供借用品,如电吹风、万能插座、熨斗、熨衣板、各类文具用品等。在客人借用电器时,须向客人说明本酒店使用的是 220 V（或 110 V）的电压,并请使用完后归还。借用物品服务需注意下列要求:

（1）服务中心对客人借用物品的数量、名称等要有明确记录,并经常进行盘点。

（2）客人借用物品时,服务中心记录好借用物品的种类、房号、借用日期、交还日期后交楼层服务员,让其将物品送到房间。

（3）借出物品前,应对借用物品进行检查和清洁,确保其使用功能正常。

（4）物品借出后,如客人未能当班交回的,要每班交班直至客人交还。

（5）客人使用完物品后,要退还服务中心以便其他客人再借。如物品紧缺,客人借用需求较多时,服务员在借出物品若干小时后应征询客人是否用完,能否交还（VIP 客人除外）。

（6）客人退房时,如客人有借用物品的记录时,服务中心要提醒服务员留意房间的借用物品是否存在,及时收回,在当天下班前退还服务中心。

（7）楼层退回借用物品时,楼层、服务中心双方要及时办清手续,取消借用记录。

（8）花盆、果刀、叉、果碟、果篮等,按借用物品操作。

(9)填写宾客物品租借表(表3.9)。

表 3.9 宾客物品租借表

租借日期		房　　号	
宾客姓名		租借物品	
送还日期		宾客签名	
经手人员		其他	
备注	宾客租借的物品,在离店前仍未送还的,酒店将按物品的价值收取费用		

模块 7　服务输送

当接到客人要求提供服务的电话时,态度要和蔼,使用礼貌语言,细心倾听,做好记录,并向客人复述一次,确保准确的服务输送。其规范要求如下:

(1)给客人送需要的任何物品(包括小刀、汽水匙、纸、笔、信封等),均不能用手递给客人,必须用托盘装上送去(大件物品除外)。

(2)如客人要求服务的时间超过 23:00,只需将其需要的物品(连托盘)放到房间门口的地面上,然后在服务台打电话告诉客人。

(3)服务员进行服务输送进入房间时,不准以任何借口与客人闲聊,客人请坐时要婉言谢绝,并尽快离开房间,以免干扰客人。

(4)凡被客人呼唤进入房间,都要把门半掩着,不要关房门,离开房间时别忘了轻轻关门。

(5)如遇到客人在房间大声喧哗,应礼貌地提醒客人保持楼层安静,以免影响他人休息。

模块 8　加床服务

客人若需加床时,请客人到总台办理加床手续,然后按通知要求为客人提供加床服务。加床服务需注意的问题:

(1)在加床的同时,须按床位数配套增加毛巾、浴巾、方巾、洗发液、洗浴液、香皂、杯具、茶叶、牙具等物品。

(2)如客人临时取消加床,要立即通知客房服务中心及总台,并在交班本上做好记录。

【知识拓展】

酒店常见个性化服务

☆ 小项服务

能体现我国酒店服务的特色,外国不多见。增添小项人工服务,能给客人送去方便,也送去温情。例如,擦皮鞋,叠衣服,将客人房间的鞋摆放整齐,当客人买回水果时,为客人提供干净的水果刀、水果盘和手巾等。又如代客送信购物、查询亲友、洗刷小件衣物、缝钉纽扣等，这些工作虽然细小，却能充分满足客人的需要。

☆ 灵活服务

灵活服务变化多、内容广、弹性大，这项服务的好坏，取决于服务员的素质和经验。例如，某房间的客人带有一婴儿，而服务员忘了门铃声会惊扰婴儿的常识，依然按部就班地按响了门铃，如此必然会引起客人的不悦。又如，服务员在打扫房间卫生时，见到客人的手机电池正在充电，却全然不放在心上，照例在做完卫生间后切断了电源，影响了客人正常的工作和生活安排，导致客人投诉。

☆ 关心服务

要使客人满意，主动关心客人尤为重要。例如，当服务员清扫房间时，发现客人总是将烟灰缸由咖啡桌移至写字台上，应该猜测到客人习惯于阅读文件时吸烟。如果将烟灰缸擦拭干净后改放在写字台的一角，这一小小的举动，看似微不足道，实则拉近了客人与酒店的距离，使客人感到酒店处处在关心着他。服务员在工作中关心客人，必须学会察言观色，了解客人的需求，尽量满足客人的合理要求。再如，服务员在观察到有的客人喜欢用 3 个枕头时，在整理房间时应主动提供给客人；某位常住客人很喜欢红色的玫瑰花，那么在他每次进入房间时，就会发现房间摆着一束红玫瑰……

☆ 超前服务

要让客人在酒店住得满意，在很大程度上取决于客房服务员的素质和经验。在提供客人所需的某种服务前，服务员能养成进房前先思索的习惯，想客人所想，并提供灵活而得体的超前服务，一定能收到意想不到的效果。例如，一位客人入住广州东方宾馆，他房内突然来了两位会客的朋友，要求服务员送瓶开水到他的房间。服务员接到通知后，不仅送了瓶开水，同时还捎去了杯子和茶叶，服务员的超前服务赢得了客人的赞赏。

☆ 专项服务——"私人管家"

目前，世界上许多高档的酒店设立了"私人管家服务"，在我国五星级的广东国际大酒店率先向海内外客人推出这项"私人管家服务"。私人管家是保姆，也是服务员，还是秘书，是酒店专门设置的为客人提供特殊服务的助理，专事料理客人的饮食起居，为客人排忧解难。客人进店，"私人管家"为他办理住宿登记，领客进房，端茶送巾，介绍情况，更重要的是客人住宿期间的外出交通、认识联络、商务活动、生活琐事，均由管家一手操办，直到送客人离店。在这里应该指出的是，"私人管家"这类个性服务绝不是普通服务员所能胜任的，"私人管家"要懂外语，会调酒、烹饪、熨衣、电脑等各项服务工作，熟悉酒店的整套运作，还要具备公关能力、协调能力等，可谓是"十八般武艺"样样精通。

由于"私人管家"的个性服务细致周到，体贴入微，深得客人信任，现在不少酒店都指定"私人管家服务"，而且许多重要的事情往往也交由管家去办。

【思考与实践】

1. 如何为客人提供托婴服务？

2. 以小组为单位，请收集相关的酒店个性化服务的事例，演示并分析。

任务八　离店服务

【学习目标】

做好客人离店前的准备工作,运用礼貌礼仪知识热情地送别客人,仔细地做好善后工作,检查房间,学会遗留物品、损坏物品的处理。

【前置任务】

①请运用礼貌礼仪知识热情地送别客人。

②请运用检查房间的知识检查客人是否有遗留物品或损坏物品。

③客人离店前,服务员应做好哪些离店前的准备工作?

【任务准备】

要求学生课前准备好演示的工具:小酒吧,检查单。

【相关知识】

这是客房服务工作的最后环节,只有用迎客时的热情态度做好送客服务工作,才能争取更多的"回头客",使酒店的声誉与日俱增。客人离店的结束工作需要服务员、行李员、客房服务中心等协调一致,共同做好。

(一)做好客人离店前的准备工作

掌握客人离店的准确时间。接到客人退房通知后,要记住客人的房间号码,了解所乘交通工具的班次,所有委托代办项目是否办妥,所有费用是否已报账、结账,例如洗衣、饮料等费用。服务中心要与前台部收银处核清账目。同时,要询问客人离店前还需要办理哪些事情,如是否要用餐、叫醒服务、租车等。如果有些事情涉及其他部门,还应与其他部门联系,共同做好客人离店前的准备工作。

(二)做好客人走时的送别工作

客人离店时应及时通知行李员为客人提拿行李。送别客人时,台班服务员站立于电梯口一侧,先帮客人叫电梯,当客人下楼梯时,向客人告辞:"×先生(女士),再见,欢迎您再来。"或说:"祝您旅途愉快,一路平安,再见。"

(三)客人走时的检查工作

客人离开后,台班服务员要迅速查房。由于客房检查项目多,如酒水、小食品、布草、玻璃器皿等,要求严、责任大,还要在较短的时间内完成。为了避免误报、漏报,服务员一定要有高度的责任心。检查走客房要注意下列几个问题:

(1)检查客人是否有遗留物品,如有,发现后应立即通知前台,及时送还给客人。来不及送还的,做好登记,交客房服务中心。

(2)检查房间设备是否完好,各种物品是否齐全。若发现客房设备有严重损坏或物品丢失,要立即报告大堂副理,必要时要通知客人赔偿。

(3)检查酒水的耗用情况,如客人临走前饮用过,又没有签单,应马上通知账务处及时记账。

(4)发现异常情况,要保护现场,并立即报告主管。

(5)当接到服务中心有关团队客人退房的通知时,要马上做好查房准备。为了能及时查房和避免重复查房,必须争取酒店各部门和团队客人的协调配合。特别是争取团队的全陪、地陪、领队和客人的理解、支持和配合,执行先退房后用餐的规定。避免用餐、退房后再次返回房间或要求退房后房间仍有人或行李等情况出现。

检查完毕,一切正常,然后由客房卫生班服务员对客房进行清扫,恢复房间的使用价值以便重新出租。

【知识拓展】

对客服务结束工作过程的质量控制

对客服务结束工作的质量控制,是客房全过程质量控制的最后一个环节。主要内容有:

☆ 宾客离店前的工作

①服务人员要主动、诚恳地征求意见,对服务质量不足之处要表示歉意。对一些未尽事宜或宾客提出的要求和投诉,要尽可能给予补救和答复解决。

②掌握宾客离店时间,认真核对宾客账单,保证准确、及时结账,防止漏账。

③宾客离店时,主动告别,并表示感谢,欢迎下次光临。

☆ 宾客离店后的工作

正确处理宾客遗留、遗弃物品。做好新一轮的服务接待准备工作,以迎接下一批宾客的到来。

【案例】

准备离开时的愤怒

一日,房务中心接到8515房间客人电话要求办理退房,于是房务中心马上通知五楼的服务员立即前去查房。刚过试用期的新员工周某接到通知后,迅速到达8515房间准备查房。当她轻敲房门后,发现房内有一名女客人正坐在沙发上看电视,另一名男客人正在卫生间内洗漱。服务员周某轻声询问客人:"您好!先生,您要退房吗?我是来查房的服务员。"男客人回答:"等一下再查。"服务员周某:"对不起,是前台通知我来查房的。"这时,女客人很生气,说道:"我们又不是付不起钱,赶我们走吗?真是的。"服务员周某顿时感觉很委屈,不解地退出房间,通知房务中心该客人不退房了。楼层主管接到此信息后,立即赶往该楼层,问清事由后,将服务员周某需要改善之处详细地做了解释,然后等候在该楼层向8515房间客人致歉并做欢送服务。同时服务员周某迅速查房报到前台收银处,让8515房间客人到达前台立即得到结账单以及热情的送别服务,最后客人满意地离去,表示下次仍然会选择本酒店入住。客人离去后,周某将查房获知的客人习惯等信息通知前台,做好客人客史档案记录。

从本案例中我们可以看到客人离店时,应当注意:

①敲门进房,礼貌向客人问询是否可以查房,如客人不便,则约定好查房时间和是否需要行李服务后退出客人房间。

②致电前台和房务中心说明延后查房的原因,并说明自己会继续跟进查房或需要请他人代为查房,同时请前台收银处先准备好客人的其他账单。

③在楼层随时守候,待客人出门时,可为客人提供提行李、送梯服务,并礼貌地向客人道别。

④立即进房间快速查房,将查房结果报前台收银处,尽量缩短结账时间。

⑤对于有投诉的客人或熟客应将查房获知的客人信息做好客史档案记录。

【思考与实践】

1. 如何为客人做好送梯服务?

2. 应该如何检查小酒吧的物品?

3. 案例分析。

客房吧台内的发霉餐具

哈尔滨经贸洽谈会对酒店而言是一年一度的接待旺季,从四面八方来哈尔滨开会的客人聚集在美丽的冰城。刚刚入住某酒店1806房间的客人孙先生一进入房间便闻到室内有一股难闻的气味,当客人打开吧台下的柜子时,发现了几件发霉的餐具,立即打电话向大堂副理进行投诉。

(1)客房里为什么会发生上述情况?

(2)服务员应该按什么程序做房?

(3)查房员(领班)应该如何检查房间,检查员工的工作?

任务九　处理特殊情况服务

【学习目标】

①能按服务标准处理客人物品丢失的事件。

②按酒店的服务标准处理客人遗留的物品。

③按生病客人处理的服务标准细心周到地照顾和关心客人。

④能按标准处理酒店安全事故。

⑤能按标准处理楼层盗窃事故。

【前置任务】

①以小组为单位分析讨论发现客人离店时有物品遗留在房间,客房服务员应怎样处理? 以书面形式汇报。

②以小组为单位,模拟一次酒店火灾事故处理。

③假设情境,分析讨论并模拟对客人伤病的处理过程。

【任务准备】

要求学生各小组准备好前置作业,确定情境的内容,确定演示情境时所需要的各类道具:模拟客房,楼层,急救工具,火灾道具等。

【相关知识】

客房接待服务过程中会遇到各种各样的客人,也会遇到各种各样的问题,这就决定了接待服务中不可避免地会出现特殊情况。服务员要依据不同的情况进行不同的处理和接待,使服务工作做得更好。

模块1　客人物品丢失处理

当客人反映在房间丢失物品时,应一边安慰客人,一边帮助客人回忆物品丢失在何处。提醒客人是否把物品收藏在其他地方,有时客人会收藏在自己的行李里,如衣服内口袋、行李箱底层等,请客人耐心寻找。在协助客人寻找时应注意床垫、床底、椅垫、衣柜、洗手间、垃圾桶等地方,如经多方查找仍无结果或原因不明,应向客人表示同情和耐心解释。在客人离店前,请客人留下地址、电话,以便今后联系。

【案例】

垃圾里翻出集体签证

某酒店大堂经理小沈接到一个电话,从电话里传出一位先生急切的声音。他是昨天住店的德国马耶斯团领队欧先生,刚才发现该团的集体签证原件不见了,估计是今天早晨遗失在该酒店。由于该签证是整个团队出入境的凭证,万一遗失,该团 15 位德国客人将无法离境,而重新办妥签证需 5 天以上时间,客人的行程计划将全部打乱,旅行社和客人都要蒙受巨大的损失,因此欧先生焦急万分,只能恳求该酒店予以帮助。小沈当即把情况向保安部做了报告,并走访了酒店所有营业场所和有关人员,但没有发现有价值的线索。又彻底地查找了欧先生昨天住的 620 房间和该楼层的服务室,还是一无所获。他想,本店员工受过良好的业务培训,他们发现客人丢失的物品或资料都会交由大堂副理处理,便推断签证是否有可能在匆忙中被欧先生混入垃圾袋里。于是决定立即组织人员前去寻找,在 5 min 内他和 5 位员工带着应急电筒赶到垃圾场。面对堆积如山的废品,大家一张纸、一张纸地挑拣,绝不放过任何蛛丝马迹。半小时过去了,翻遍了整个垃圾场,没有发现签证的踪影。这时,小沈发现废品仓库还有两车未经挑拣的垃圾。为了防止遗漏,大家又用双手在垃圾袋中进行翻找。每个人忙得汗流浃背,满手污物,找完了一车,又推出一车。在四只应急手电的照射下,正当大家翻找第四袋垃圾的底部时,小郑发现了一张对折的白纸,她展开一看,一枚公安部出入境管理局的鲜红印章赫然在目,签证找到了。9 点 10 分,小沈拨通了酒店 508 房间的电话,当欧先生得知签证已被找到时,他激动得几乎哽咽了,连声道谢。

本案例中的酒店真正做到了急客人所急,想客人所想。案例中的大堂经理接到客人丢失签证的电话后,当即就采取了找寻措施:一是向保安部报告;二是走访所有经营场所和有关人员;三是查找客人原住房和该楼层服务室。当一无所获时,没有简单就此完事,而是再进行分析推断签证有可能混入垃圾袋里,再查找。在几分钟里就组织好人员摸黑打着手电筒到垃圾场,从堆积如山的废品中一张纸一张纸地挑拣。当垃圾场翻遍未见下落时,依然没有灰心。为防止遗漏,又继续去翻废品仓库的两车垃圾,终于使德国客人的团体签证失而复得。该酒店员工不怕脏、不怕累、认真细致、连续作战的工作作风,是酒店长期以来管理有方、员工训练有素、动作严谨有序的结果。酒店从业人员在对客人服务中,为了给客人救急解难,就必须要有这种千方百计、想方设法、竭尽全力的精神。

模块 2　拾遗物品处理

（一）遗留物品的接收

（1）楼层服务员将退房后无法交还给客人的遗留物品在下班前交回服务中心。

（2）服务中心接到遗留物品根据物品的类别、大小、颜色做好入册登记,并让送交人检查记录是否清楚详细后,双方签名确认。

（3）服务中心把所收到的遗留物品种类进行存放保管处理。

（4）客务仓库根据各类遗留物品的保存期限进行检查,到期的物品要统计好并统一做处理。

（二）遗留物品的查询、认领

（1）当接到客人查询遗留物品的电话时,要细心倾听,问清客人姓名,所住房号,入住和离店日期及客人所遗留物品的名称、颜色、大小等。

（2）请客人稍等或留下客人的联系方式,查找后主动回复客人。

（3）及时查阅"遗留物品登记本"中是否有记录,如有记录则以记录中的存放位置去查找实物,查到则立即回复客人,并问明客人何时来取,是本人还是委托他人来取如委托他人来取,请告知被委托人的姓名,以便归还物品时对证。

(4)如"遗留物品登记本"中没有该物品和记录时,应先回复客人暂未找到,会进一步查找,并与客人商谈联络方法,方便稍后回复客人,不应马上肯定地回答客人没有该物品,并及时向当值班长汇报。

(5)进一步查找(包括与楼层领班和主任联系),如还是未能找到该物品,经部门当值负责人核准后方可回复客人。

(6)把遗留物品归还客人时,应先与客人核清物品的数量,必须由客人亲自在"客人遗留物品认领记录"上的备注栏签名并记下客人的有效证件号码及领取日期和时间。

【案例】

客人遗留了物品

一天,客房部领班在查房时,发现客房抽屉里有几件遗留的衣服。她感到很奇怪,立即打电话到房务中心查询此房间的客人是否离店,并向客服中心通报了客人有遗留物品在房间里,同时要求做好记录,以备客人查询。然后,在工作表上做了详细记录,注明时间和所发生事情的概况。

经过向台班服务员小谢和房务中心查询,得知此房客人并没有离店,而是转房去了其他楼层。而服务员小谢在查房时,由于没有认真检查,因此没有发现客人遗留物品。晚上11点,客人外出回来,房务中心通知他领回自己的衣服时,他才发现遗失了衣服。客人入住酒店,渴望酒店能给他们带来家的感觉,因此他们对房间及服务员的服务态度等方面的要求都很高,特别是对入住时间较长的客人来说更是如此。所以,客人转房的事情是经常发生的。换房时,由于客人觉得不是离店,加上当时的心情因素,出现在收拾物品时不太细致而遗留一些物品在房间里的情况是难免的。特别是不急用的东西,就更容易被忽略。这就对当值台班提出很高的要求,在查房时一定要认真仔细、一丝不苟。

本案例中,台班服务员粗心大意,没有发现客人遗留在抽屉里的衣服,肯定是认为没有必要检查抽屉而导致问题的出现,这是她的失职。

遗留物品未及时发现导致的后果有两种。其一,原住客一旦发现自己遗留了物品,而原房间又住进了新客人,再去寻找就麻烦了。要从新房客的房间中取回原房客的物品就不是一件简单的事情,需要很好地与新房客解释、协商。其二,客人转房后,未发现自己遗留了物品,就办理了离店退房手续,那就更复杂了。即使酒店发现了这些遗留物品,也只能交给礼宾部或是房务中心保管,查清客人地址主动交还给客人或是等客人下次入住时再交还。

领班工作非常认真、仔细,发现问题后,严格按照规定的程序来处理客人遗留的衣服,立即找房务中心协调解决。由于发现及时、处理妥当,使转房的客人找回了自己的衣物,避免了上述两种情况可能产生的麻烦。

模块3　住客伤病处理

（一）一般病症处理的程序和标准

（1）客人提出就诊要求：接到客人电话后，询问其姓名、房间号、性别和病情。

（2）协助就诊：介绍客人去医院就诊，并提供电话号码；也可选择在酒店医务室就诊，如客人行动不便，在5 min之内替客人打电话联络。

（3）记录：记录处理情况以备查用。

（4）确认：亲自与客人联系，确保客人已与医生取得联系。

（二）紧急病症（如突发性心脏病、晕倒等）

（1）前往现场：接报后3 min之内到达现场察看病情。

（2）积极抢救：首先，通知医务室医生3 min之内到达；然后，拨打120向急救中心请求救援。

（3）迎接医生：通知保安部领班在医生到达时立即带到现场。

（4）护送病人前往医院：首先，通知客房领班控制一部电梯；然后，尽可能安排一名能够与客人进行语言沟通的酒店工作人员陪同病人前往医院。

（5）联络并记录：保持与医院的联系，及时向酒店汇报客人的病情，并详细记录处理情况。

（6）保留房间：客人住院期间欲保留房间，则通知客房服务中心；若不需要，则在征求客人同意后，书面授权帮助整理行李，并寄存于礼宾处行李房。

（三）住客意外受伤事件的处理

1. 前往现场

（1）接报后3 min内赶至现场。

（2）询问受伤者伤情。

（3）如需要，建议伤者前往医院接受进一步检查。

（4）如伤情严重，安排能与客人进行语言沟通的酒店工作人员陪同伤者去医院就诊。

2. 现场勘查

协同保安部现场勘查、拍照，向当事人或目击者了解事发经过。

3. 填写报告

填写报告内容包括发生的时间、地点、受伤人员情况、证人等详细资料。

4. 保留房间

客人住院期间欲保留房间，则通知客房服务中心；若不需要，则在征求客人同意后，书面授权帮助整理行李，并寄存于礼宾处行李房。

【案例】

感冒的客人

　　王先生已经在酒店住了几天,酒店热情周到的服务使王先生真正有了"宾至如归"的体验。一天早上,王先生正准备出门办事,正好碰上服务员小刘来打扫房间。打过招呼后,小刘发现王先生脸色不好,于是便问了句:"王先生是不是哪里不舒服?"王先生说:"有点感冒,不碍事。"小刘却把这事一直放在心上。下班后,小刘到医务室买了盒感冒药给王先生送去。可王先生还没回来,于是小刘将药放在房间的床头柜上,并附上纸条:王先生,您好!近段时间天气变化大,请注意身体!服务员:小刘。晚上,房务中心接到了王先生的致谢电话:"太谢谢了!你们的服务真是很细心周到!到这儿就像在家一样!"

　　本案例中服务员小刘服务热情,细心观察客人所需,发现客人脸色不太好,猜测客人生病,体现出服务员服务细致。服务员小刘把客人当家人,将药送到房间并附上留言条提醒客人注意身体,对客人体贴入微。

　　但应当注意的是服务员小刘不是医生,不能擅自给客人买药。如果客人因吃感冒药导致其他并发症就会立刻把酒店置于不利位置,易造成好心办坏事。正确的做法是询问客人是否需要请酒店医务室人员亲临诊断,或者询问客人平时感冒通常用的药品,请医务室人员为客人开药,或者提供更人性化的服务。如果是在夏季可为客人冲一杯冰糖水;如果是在冬天,则为客人冲泡一杯姜汤驱寒。

模块4　客房安全事故处理

（一）突然停电

　　停电事故可能是由外部供电系统引起的,也可能是由酒店内部设备发生故障引起的。停电事故随时都可能发生,因此,酒店须有应急措施。发生突然停电事故应这样处理:

　　(1)当值员工安静地留守在各自的工作岗位上,不得惊慌。

　　(2)及时向客人说明是停电事故,正在采取紧急措施恢复供电,以免客人惊慌失措。

　　(3)如在夜间,应用应急灯照亮公共场所,帮助滞留在走廊及电梯中的客人转移到安全的地方。

　　(4)加强客房走廊的巡视,防止有人趁机行窃,并注意安全检查。

　　(5)防止客人点燃蜡烛而引起火灾。

　　(6)供电后检查各电器设备是否正常运行,其他设备是否被破坏。

　　(7)做好工作记录。

（二）客人死亡、意外受伤的处理

客人死亡是指在酒店内因病死亡和自杀、他杀或原因不明的死亡；客人意外受伤是指在酒店内出于某种原因而受到伤害。发生客人死亡、意外受伤应这样处理：

（1）发现者要立即报告，并保护现场。

（2）保安人员到达现场后，应向报告人问明有关时间、地点、当事人的身份、国籍、房号等情况，认真记录并立即向上报告。

（3）发生自杀、他杀，要立即向公安机关报案，派保安人员保护现场，严禁无关人员接近，等待公安人员前来处理。倘若客人未死亡，则应及时送医院抢救。

（4）对于已经死亡的客人，安全部门值班主管要填写死亡客人登记表。如死者是外国人，应通知所属国驻华使馆或领事馆。

（5）对于客人死亡的情况，除向公安机关和上级主管部门报告外，不得向外（包括酒店其他部门和员工）透露。

（三）醉酒及蓄意闹事者处理

（1）接醉酒或闹事报告后，值班经理应协同保安经理立即到现场。

（2）上前处理时切勿与醉酒者或闹事者争吵。

（3）耐心礼貌地劝解其离开所处的公共场所。如果是本酒店的住客，应劝其或强行带其回到自己的房间。

（4）醉酒者或闹事者回到房间后，应通知客房服房中心、楼层服务员。

（5）如情况特别严重，而当事人又不告知联络人或地址，则视情况判定是否由保安报警交由治安管理部门处理。

（6）如有酒店财物损坏，应由所在部门经理及值班经理一起判定赔偿条件，并由所在部门开具赔偿单收费。

（7）将事情发生的时间、地点、人物等详情写在值班簿，并填写一份上交总经理。

（8）通知有关部门跟办，在交班时应详细告知下班值班经理跟办处理结果。

模块5 楼层火灾事故处理

火灾直接威胁着人的生命及财产安全。酒店发生火灾会使酒店付出沉重的代价，甚至使整个酒店毁于一旦。因此，防火必须引起人们的高度重视并切实采取措施，绝不能掉以轻心。

（一）客房发生火灾的一般原因

（1）客人卧床吸烟，特别是醉酒后，或乱扔未熄灭的烟头和火柴梗。

（2）客人（尤其长住客）在房内私自使用电炉、电熨斗等电器，使供电线路超负荷运转，造成电源短路。另外,照明灯具温度过高烤着可燃物。

(3)客人将各种易燃物品带进客房易造成客房火灾。

(4)工人在维修管道、设备时,违章操作引起火灾。

(5)客房内电器设备老化或安装不良及一次性使用时间过长也可能直接引发火灾。

(6)不按安全操作规程作业,使用化学涂料、油漆等,没有采取防火措施,造成火灾。

(二)发生火灾时的紧急疏散程序

(1)根据火情决定是否需要全面疏散客人,疏散命令由临时指挥部下达。

(2)消防控制中心负责通过紧急广播逐层通知:首先通知着火层和与其相邻的上下层,其次是着火的上面各层,再次是着火层以下逐层。广播通知时千万不能将紧急广播同时全部打开。

(3)客房服务中心负责组织客房服务员引导疏散客人,将客人按一路纵队排列从防火梯疏散,不要乘搭电梯。

(4)前台部经理负责组织人员把疏散下来的客人安排到安全地段,并一定要保全住客名单及在岗人员名单。

(5)各岗位保安领班带领保安员维持秩序,控制酒店大门,严守岗位,阻止外来人员进入。

(6)客房服务员负责检查疏散情况,当检查完所有房间和公共区域并证实没有客人后,客房服务员立即随其他人一道撤离。

(7)通知总机,由总机按火情级别迅速通知有关部门。相关部门需按已拟定好的发生火灾时本部门的处理程序采取行动。

(8)一旦紧急疏散指令发出,各部门按"必要情况客人疏散程序"迅速采取行动。

(9)专业消防队到场后,临时指挥权交给消防队,临时指挥部应主动介绍火灾情况,根据其要求协助做好疏散和扑救工作。

(10)灭火结束后,组织有关部门做好善后工作,清点人数、安顿客人,尽可能短时间恢复酒店的正常秩序。

(11)写出详尽的事件报告,呈递给酒店领导。

模块6 楼层盗窃事故处理

防盗是客房安全工作的又一重要内容。发生在酒店客房的偷窃事件主要与员工、客人及其他外来人员有关。因此,对各种人都要有所防范。

偷盗行为处理程序:

(1)在一般情况下,当值经理应立即通知保安部赶赴现场,并会同所在部门的当值主任以上人员(并视情况是否打电话给分管总经理)。

(2)向失物者了解事情的经过、时间等详情。

（3）请客人填写"客人财物遗失报告表"。

（4）如财物在房间被盗，即与保安部、客房服务中心经理到现场调查。征得客人同意后，再搜查房间。

（5）向客人了解其是否有怀疑对象，并询问客人的来访情况，并需向当值服务员了解情况。

（6）征求客人是否愿意报警，如其不愿报警，则请报案者在"客人财物遗失报告表"中注明；如其要求报警，则由保安部负责报警或与客人前往报警。

（7）如客人离去后，请客人留下通信方式，以便联络。

【知识拓展】

客房安全管理的设施配置

为保证住店客人生命财产安全，必须在公共区域和客房内加强各类安全设施的配置，同时客房内各种生活设施设备也要安全可靠。

☆ 电视监控系统

电视监控系统由电视摄像镜头、电视监视器、电视屏幕操作机台、录像等部分组成。电视监控系统是酒店主要的安全装置，除了安装在酒店大厅及公共场所外，通常作为客房部主要的安全装置。一般设置在：

①楼层过道。在楼层过道安装监控探头，一般采用中、长焦镜头。

②客用电梯。客用电梯空间小且又是封闭的，一旦出现紧急意外事件，受害人难以求援，安装监控探头便于对电梯内发生的可疑现象进行跟踪和取证。一般采用视野宽阔的广角镜头。

☆ 自动报警系统

自动报警系统是由各种类型的报警器连接而成的安全网络系统，主要设置在酒店财务部、收银处、贵重物品寄存处以及商场消防通道等区域。用于防盗、防火、防爆报警。

我国酒店常用的报警器有：微波报警器、红外线报警器、超声波报警器等远程报警系统，以及声控报警器、微动式报警器、磁控式报警器等。

☆ 消防监控系统

酒店的监控系统一般由火灾报警系统、灭火系统、防火设施组成。

☆ 通信系统

通信系统主要有专用电话、传呼系统及对讲机。

☆ 房间安保设施

①门锁：是保障住客安全最基本也是最重要的设施。由于酒店规模、档次的差异，各酒店所使用的门锁各异。

②窥镜：安装在房门上端，为广角镜头，便于住客观察房间的外部情况。

③保险箱：供客人存放贵重财物。

【思考与实践】

1. 客人损坏酒店物品应怎样处理？

2.酒店客房发生盗窃事故,客房服务员应怎样处理? 请以小组为单位,创设情境,解决问题。

3.案例分析。

"饮料"罐底生锈、铅笔没笔头

某酒店821房间的客人田先生在酒店已住宿两天,第三天时有客人来访,为了款待客人,田先生打开迷你冰箱,准备取出冰箱内的饮料请客人饮用。当田先生拿起两罐饮料时,发现罐底生锈,在冰箱里还留下了一圈圈的锈迹,随即改喝塑料瓶装的矿泉水。过了一会儿,有另外的客人打来电话,田先生准备记下客人所说内容,便摘下床头柜上留言簿中的铅笔,但发现铅笔没有笔头,又改换了圆珠笔。这两件事都让田先生的客人看到了,使他极为尴尬,却也无奈。待客人走后,田先生打电话给客房服务中心反映了情况,服务员立即为田先生更换了饮料和铅笔,并将冰箱做了清洁,同时向田先生致以真诚的道歉。

(1)服务出现失误的主要原因是什么?

(2)要想根除服务中的细微失误应该采取哪些有效方法?

(3)除了客人之外,针对他们的亲朋好友及客户应该提供什么服务?

任务十　VIP 客人服务

【学习目标】

明确 VIP 客人服务流程;根据 VIP 客人特点提供针对性服务;正确进行 VIP 客房的布置,VIP 客人迎送。

【前置任务】

①熟悉一般接待客人流程。

②以小组单位分析 VIP 客人需求。

【任务准备】

以小组为单位收集资料,上课前交给老师。

【相关知识】

VIP 客人是指与酒店的经济效益和社会效益有密切关系的人,是酒店接待的重点,必须给予高度重视和用心接待。按照以下原则进行接待:对等接待;及时传递信息;用心极致,做好细节服务;服务适度。

模块 1 　 VIP 客人来店前的客房准备

（1）客房部接到"贵宾接待通知单"后，应立即分发给负责客房服务中心、房务中心的管理员，做好客人入住前的客房布置、检查和客人入住后的服务工作。

（2）客房服务中心管理员应督促房务中心服务员熟记入住的 VIP 客人的姓名和国籍，了解 VIP 等级。通过"贵宾接待通知单"了解客情，包括贵宾的姓名、国籍、职业、职务、年龄、禁忌、宗教信仰、生活习惯、客房种类、随行人员、接待单位、接待标准、付款方式、抵离店日期和时间以及特殊要求等，以便客人到达时，能够称其名、道其职，并按其生活习惯安排工作，进而提供个性化服务。

（3）客房管理员接到通知后，按要求准备好花篮、花束及插花、水果等。房务中心与总台保持联系，了解 VIP 客人动态，尽量详细地了解客人的确切抵店时间，并及时通知客房管理员，做好迎宾准备。房务中心管理员应将情况及时汇报给客房部经理。

（4）客房楼层服务员按 VIP 等级及布置要求，向房务中心物管员领取和备齐各种物品及礼品。

（5）客房清洁员检查房内的各种设备和设施，确保完好有效；全面清洁住房，保证整齐清洁。客房服务员严格按照接待规格和要求布置客房。

①电器设备。灯具工作正常；电视图像清晰，频道设置正确；床头柜表时间正确；空调正常工作（温度适宜），调节开关放置在低风挡。

②墙、门和天花板。墙壁无裂缝，墙纸无开胶现象；门锁开关良好，保险链无榐动，门镜从内可清楚看到门外情况；天花板无破损。

③室内清洁。家具表面、四周和下部无尘土；灯具和壁画上无尘土；玻璃窗、镜子和水杯清洁无异物。

④卫生间。马桶开关工作正常，无漏水现象；垃圾桶光亮无异物；面盆、浴盆光洁无异物，水龙头开关正常、无漏水，淋浴喷头转动正常、灵活；瓷砖、墙壁清洁无污迹；浴帘干净、无破损；浴巾、面巾和手巾各 2 条，地巾和防滑垫各 1 条，均摆放整齐；卫生纸 2 卷，面巾纸 1 盒，摆放到位。

⑤壁柜、抽屉。拖鞋有塑料包装；睡衣和毛毯摆放整齐；衣架齐全；洗衣袋和 2 张洗衣单配齐并放入抽屉内。

⑥地毯。表面无异物、无破损、无开裂。

⑦VIP 礼品。在 VIP 客人到达前 30 ~ 40 min 内摆放在室内规定位置。

⑧小冰箱。小冰箱内配齐饮料，并配有价格表。

⑨阅读用品。阅读用品整齐摆放在桌上。

⑩房间环境。保证房间周围环境处于良好状态。

⑪情况处理。如果房间有问题，应与客房部、楼面领班和工程部联系，保证在 VIP 客人到前 30 min 内解决；如果问题不能解决，与前台接待经理联系，保证在 VIP 客人到达前

3 min 内为其调整好房间。

⑫记录。将房间状态结果记录在案,并由检查人签字。

模块 2　VIP 客人住店期间服务

(1)优质的对客服务,可让 VIP 客人在住店期间感受到特别的尊重和不同于普通客人的礼遇。

(2)客房服务人员应能用姓或职务尊称客人,并主动问候。

(3)根据所了解的贵宾情况,以及服务中观察所得的客人的生活习惯、爱好和工作规律,把握时机,为客人提供各种有针对性的服务。

(4)在提供各项客房服务时,应优先考虑贵宾房,务必在客人最方便时进行服务,以不打扰客人的休息和正常生活起居为原则。

(5)在客人外出期间安排小整理服务,并及时更换客人用过的卫生间棉织品。

(6)配合安全部门做好安全工作,如服务中注意为客人保密,不将房号告诉无关人员等。对特殊身份的访客更要谨慎,以确保贵宾的安全。

(7)注意客人身体状况的变化,发现客人身体不适或生病,要立即报告上级并请医生探访,在生活上应给予特别关照。

模块 3　VIP 客人的离店服务

根据贵宾的要求随时提供服务:

(1)前厅部在确认贵宾离店时间后,应至少提前 1 h 通知楼层服务员。

(2)楼层服务员接到贵宾离店通知后,应主动进房向客人表示问候,征询客人意见,是否需要帮助等事宜。

(3)通知行李员为客人提携行李。

(4)客人离开房间或楼层时,应向客人道别,为客人按下电梯,祝客人一路平安,并欢迎再次光临。等电梯门关闭并运行到下一楼层后,方可离开。

(5)迅速检查客房。检查客房酒水使用情况及客房设施设备有无损坏,并使用房内电话报给总台收银处。检查有无客人遗留物品,如有应尽快归还客人。若有设备损坏,应通知前厅或尽快找工程部给予处理,除非重大损失,一般不要求赔偿,以免给客人造成不良的印象。

(6)收尾工作。

①资料存档。销售部、公关部做好资料、图片存档;征求接待单位对酒店的意见。

②总结经验。对 VIP 客人及大型 VIP 团队接待后,召开有关部门总结会,表扬优质服务部门及个人,找出不足,总结经验;对有新闻价值的团队接待,公关部拟写消息供媒体发表。

【知识拓展】

VIP 等级划分及标准

一、VIP 等级划分

VA:(1)省市级领导。

（2）国家厅、部级干部。

（3）由业主或总经理预订的房间（如有此要求）。

VB:(1)由业主或总经理预订的房间（如有此要求）。

（2）社会各界知名人士入住本酒店。

（3）乡镇级领导干部。

（4）由销售部预订的房间（如有此要求）。

VC:(1)旅行社负责人或酒店同行总经理。

（2）商务合约客户在预订时特别指明要有 VIP 待遇的客人。

二、VIP 接待标准：

VA:赠水果篮（A 级）1 个　大份

橙 2 个、苹果或雪梨 2 个、芒果 2 个、荔枝、奇异果 2 个、香蕉 2 个、提子 1 串（视季节而定）

房内摆设鲜花（大）1 盆

酒水车（洋酒 1 支，威士忌或白兰地酒配冰料粒、过滤酒杯）

各式曲奇饼、巧克力盘及干果

总经理欢迎信（销售部负责）

由总经理、驻店总经理及各部门经理在酒店门口接送

VB:赠水果篮（B 级）1 个　中份

橙 1 个、苹果或雪梨 1 个、芒果 1 个、香蕉 2 个、提子 1 串（视季节而定）

房内摆设鲜花（中）1 盆

总经理欢迎信（销售部负责）

由驻店总经理、前厅经理及销售经理在酒店门口接送

VC:赠水果篮（C 级）1 个　小份

橙 1 个、苹果或雪梨 1 个、香蕉 2 个、提子 1 串（视季节而定）

总经理欢迎信（销售部负责）

由前厅部经理、销售经理在酒店门口接送

备注：

1.迎送时间:8:00—20:00,以上管理人员均须到位;除此时间外,可由总经理指派专人迎送。

2.VIP 客人住店期间每次外出活动及返回时,由前厅部经理、销售经理迎送。

3.酒店当天值班经理必须全程关注 VIP 客人在店行程;其他部门第一负责人 8:00—20:00 必须在店,必要时根据总经理安排 24 h 在店。

三、VIP 客房检查

VIP 客房检查见表 3.10。

表 3.10 VIP 客房检查

检查项目		关键点
客房卫生		布草类无污渍、无破损现象,洁净、舒适;卫生间无异味、无毛发、无水渍、无发霉;洁具光亮无锈渍;房间各种家具表面及里面无灰尘、无污渍;地毯表面及边缝无积尘、无杂物;窗户玻璃干净、窗槽内无积灰、纱窗完好无破损;房间印刷品齐全,无污渍、无破损、无褶皱
物品摆放	一次性用品	种类齐全,物品完好,印刷完美,无开封、破损现象
	水果、鲜花	套房的水果、花篮放在客厅的茶几上;其他房间的水果、鲜花放在窗前茶几上
	欢迎信/卡片	统一摆放在房间办公桌桌面上
	礼品	需配礼品的 VIP 房间,将需配置的礼品统一放在房间行李柜上,小礼品可摆设在床头
设施设备		门锁开关自如、无弱电现象;排风扇、空调系统无噪声,温度适宜;电视机清晰无空台及杂音;电话畅通且无杂音;插座通电;灯具正常照明
巾类		毛巾折叠整齐挂在毛巾架上,浴巾折叠整齐放在浴巾架上,方巾折叠整齐按要求摆放在云石台面上,酒店标志向外。保证各种巾类无污渍、无破损及毛边现象
洗漱用品		保证各种物品齐全,无空瓶及过期现象,口杯及茶杯表面无污渍和毛絮。若有定制化物品则整齐地摆放在面盆旁的云石台面上
床上用品		保证各种棉织品无污渍、无破损及毛边现象
浴袍		浴袍挂在衣柜内,浴袍带必须系好
拖鞋		展开放在床边距离床头柜约 10 cm 的位置

参考文献

［1］曾凌峰. 客房服务规范［M］.北京:中国经济出版社,2004.

［2］侣海岩. 饭店与物业服务案例解析［M］.北京:旅游教育出版社,2003.

［3］张杰. 客房服务［M］.北京:旅游教育出版社,2001.